BODAS DE SANGRE

LA CASA DE BERNARDA ALBA

37 biblioteca **edaf**

Federico García Lorca

Bodas de sangre

—

La casa de Bernarda Alba

www.edaf.net

MADRID - MÉXICO - BUENOS AIRES - SANTIAGO

2017

Editorial EDAF, S. L. U.
Jorge Juan, 68. 28009 Madrid
http://www.edaf.net
edaf@edaf.net

Algaba Ediciones, S.A. de C.V.
Calle, 21, Poniente 3323, Colonia Belisario Domínguez
Puebla, 72180, México. Tfno.: 52 22 22 11 13 87
jaime.breton@edaf.com.mx

Edaf del Plata, S. A.
Chile, 2222
1227 - Buenos Aires, Argentina
edaf4@speedy.com.ar

Edaf Chile, S.A.
Coyancura, 2270, oficina 914, Providencia
Santiago - Chile
comercialedafchile@edafchile.cl

Primera edición en esta colección: *Septiembre de 2012*
Séptima reimpresión en este colección: *Febrero 2021*

ISBN: 978-84-414-3226-0
Depósito legal: M-41.646-2012

IMPRESO EN ESPAÑA   PRINTED IN SPAIN

Graficas COFÁS. Pol. Ind. Prado Regordoño. Móstoles (Madrid)

Índice

BODAS DE SANGRE

LA CASA DE BERNARDA ALBA

Introducción

FEDERICO GARCÍA LORCA EN SU CONTEXTO HISTÓRICO

L a vida de Lorca coincide con uno de los periodos más
    expansivos de la historia de España. Su muerte se produjo
precisamente a consecuencia de la interrupción sangrienta de
aquella etapa.

El llamado desastre de 1898 —año en que nació Lorca—
dio paso a una reflexión sobre el papel de nuestro país tanto
hacia el exterior como hacia sí mismo; pero si aquella tarea,
nada fácil, quedó en gran medida sin resolver por quienes a
finales del siglo XIX accedían al primer plano de la actualidad
—Miguel de Unamuno, Pío Baroja, «Azorín», Antonio Ma-
chado—, lo cierto es que las nuevas generaciones, ya entrado
el siglo siguiente, se encontraron con un campo suficientemente desbrozado para discurrir por él en busca de nuevos
horizontes culturales. La sociedad española experimentó un
avance decisivo en las tres primeras décadas del siglo XX. Debemos concretar: un sector de la sociedad española, el más ac-
tivo y arriesgado, protagonizó un verdadero salto hacia delante
en todo lo que se refiere a avances teóricos y prácticos. Una
burguesía inquieta y suficientemente ilustrada dio a luz proyectos y obras de todo tipo que modificaron en gran medida

la imagen retrógrada de la España tradicional y apegada a los privilegios más rancios. Pero el antagonismo entre esa clase progresista minoritaria y la otra minoría tradicionalmente en el poder, la recalcitrante e inmovilista, no hizo más que enconarse con el transcurso del tiempo y, más aún, con la implantación general de instituciones que daban cabida al librepensamiento y a la democratización de las costumbres. El apoyo popular a una u otra opción sociopolítica se reflejó en consultas públicas tan decisivas como las elecciones municipales de 1931 —fin de la monarquía— o los comicios de 1934 —triunfo de la derecha autoritaria— y 1936 —ascenso del Frente Popular y preparación, como respuesta, del ambiente de preguerra.

En ese contexto histórico, la vida de García Lorca se vio tironeada por exigencias externas que contradecían sus ansias más íntimas. Su familia había alcanzado un nivel social elevado —al menos a escala provincial— gracias al espíritu emprendedor del padre, un terrateniente de gran sentido práctico para los negocios pero también de ideas liberales, capaz de distinguir las mejores oportunidades de inversión económica pero incapaz de explotar a quienes trabajaban para él. La madre del poeta, de origen humilde, se había sacrificado para conseguir hacerse maestra de escuela, y aunque abandonó su profesión al casarse, veló siempre por que sus hijos afianzaran y prolongaran con logros profesionales o personales la situación de la familia.

Pero los buenos deseos de los padres de Lorca tenían indefectiblemente como objetivo el triunfo visible e inmediato. Si el segundo de sus hijos varones, Francisco, estaba haciendo una carrera brillante, no había razón para que el mayor, Federico, se demorara tanto en obtener un título universitario o se entretuviera publicando obras que no condujeran claramente al éxito. Las cartas de Vicenta Lorca a su hijo, amorosas pero fiscalizadoras, delatan una desconfianza inflexible en la habilidad del escritor para abrirse camino y en la idoneidad de los medios que estaba empleando para conseguirlo. Esa fue sin duda una de las tensiones afectivas que más condicionaron la carrera del escritor.

Lorca fue un mediocre estudiante de cursos oficiales, pero a la vez resultó ser un estudioso infatigable de todo lo que le interesaba, que era mucho. Formó parte del grupo de jóvenes, casi adolescentes, que intentaban romper con el ambiente provinciano granadino a base de desplantes pintorescos pero también de trabajo y de reflexión. Durante sus primeros cursos universitarios, sus intereses pasaron por la música, el folclor y la literatura. Aprendió piano con una facilidad portentosa, y tocaba la guitarra hasta el extremo de poder acompañar a cantaores flamencos. Sus profesores, varios de ellos pertenecientes a la Institución Libre de Enseñanza, no consiguieron de él un brillante expediente académico, pero le infundieron un sentido del saber muy acorde con las ideas más avanzadas de la época. Contó además con amigos bien relacionados —Fernando de los Ríos, Manuel de Falla, más tarde Juan Ramón Jiménez— y con el trampolín que, ya en la capital, suponía para todo joven prometedor la Residencia de Estudiantes, donde vivió diez años (1919-1929).

En la Residencia conoció a Luis Buñuel y a Salvador Dalí, que se encontraban en la misma etapa personal que Lorca, con sus mismas ansias de ruptura estética e idéntica prisa por imponer sus ideas y triunfar, pero con temperamentos muy dispares. Su amistad con Dalí fue para él determinante, mucho más que la enemistad que pronto le mostraría Buñuel. Dalí fue una de las primeras personas ante las que Lorca no tuvo que inhibir su orientación sexual: el andaluz de personalidad deslumbrante, acaparadora, y el catalán introvertido y a la vez espectacular, formaban una pareja tan genial como quebradiza.

La dependencia económica de su familia, aquella constante necesidad de demostrar a sus padres que su carrera literaria iba bien orientada, y la homosexualidad inconfundible pero combatida por una sociedad obviamente —y agresivamente— machista, son premisas fundamentales de la trayectoria vital y literaria de Lorca. Pero ambas deben ser consideradas a la luz de la fuerza prioritaria que movía al escritor: el metabolismo de su expresividad, que alimentaba un manantial artístico inagotable.

Su carácter era extravertido y aparentemente exultante, pero apenas se quedaba solo con alguien de confianza mostraba su otra cara, la de quien se sabe desvalido y teme siempre lo peor para sí mismo. Era entusiasta y miedoso, contradictorio pero consecuente, noctámbulo pero trabajador, supersticioso y primitivo, gran degustador del arte y artista polifacético, hombre-orquesta en realidad: cantaba acompañándose al piano, recitaba, improvisaba ripios satíricos o contaba anécdotas que en sus palabras se magnificaban fabulosamente. Así es inevitable que lo oigamos hablar de sí mismo cuando un personaje de *El público* exclama: «No soy nada más que eso, un hombre, más hombre que Adán».

El viaje que hizo Lorca a Estados Unidos y Cuba, entre junio de 1929 y julio de 1930, marca un hito en la vida del escritor. Antes de partir era ya un poeta de primer orden, habitual en las revistas y editoriales más renovadoras. *Romancero gitano* se había publicado en 1928, pero era conocido desde años antes a través de lecturas públicas. El también autor de *Canciones* (1927) y del primerizo pero vigoroso *Libro de poemas* (1921), había actuado como uno de los motores principales del homenaje a Góngora celebrado en Sevilla (1927), y también fue uno de los primeros en declarar el «ya está bien de Góngora» que llevó tanto a él como a Alberti, Aleixandre, Diego o Cernuda hasta los dominios de la mejor vanguardia.

En cuanto a su obra teatral, el estreno de *Mariana Pineda*, también en 1927, había sido suficiente para borrar la mala impresión causada por *El maleficio de la mariposa*, estrenada en 1920, pero Lorca tenía ya escritas, o muy avanzadas, tanto obras aparentemente tradicionales —*Los títeres de Cachiporra. Tragicomedia de don Cristóbal y la Señá Rosita o Amor de don Perlimplín con Belisa en su jardín*—, como los *Diálogos*, precursores precoces de su teatro más innovador.

La estancia en Nueva York fue fértil literariamente, pero contribuyó poco a aliviar el estado de ánimo que le empujó a emprender el viaje. La depresión producida por un desengaño amoroso —y en parte también por los ataques que le dedicaron algunos amigos, como Buñuel y Dalí, a la publicación del *Romancero*— no se disipó en el ajetreo de la gran ciudad. También es cierto que, como señala Gibson [1], la incomunicación del poeta con la cultura de aquel país —a causa de su incapacidad para aprender el idioma— no le permitió disfrutar de lo que podía ofrecerle un mundo tan ajeno al suyo. Sin embargo, su estancia de tres meses en Cuba fue suficiente para que el poeta recuperara su mejor humor y hasta para que volviera a España provisto de una desinhibición personal nueva. Entre sus borradores traía el de *El público*, obra a la que él mismo se refirió como «de tema francamente homosexual». Todo indicaba que aquel año de distanciamiento, y sobre todo su gozosa estancia en Cuba, le ayudaron a madurar personalmente hasta hacerlo

---

[1] Ian Gibson, *Vida, pasión y muerte de Federico García Lorca*, Ed. Plaza y Janés, pág. 407.

capaz de enfrentarse al ambiente represivo tradicional de España.

La proclamación de la República, unos meses después, le proporcionó buenas oportunidades para desplegar su nueva predisposición. Fernando de los Ríos, ministro socialista de Instrucción Pública, lo nombró director de «La Barraca», compañía de teatro universitario recién creada con el objetivo de llevar la literatura dramática clásica por toda España, especialmente por pueblos donde el teatro suponía una rareza. La experiencia de dirigir actores —y actuar a veces, y adaptar textos, y esbozar figurines, y elegir música— fue para él decisiva. No era, ni mucho menos, su primera actividad teatral, puesto que desde siempre se había mantenido cerca, y hasta dentro, del mundo de la farándula. Pero esta vez, su dedicación al entramado de la producción escénica le proporcionó unos medios y una repercusión pública excepcionales.

La situación política favorecía la actividad teatral innovadora. Lorca, que había renovado su éxito como poeta con la publicación de *Poema del cante jondo* (1931), estrenó en 1933 *Bodas de sangre* y *Amor de don Perlimplín con Belisa en su jardín* (prohibida por la censura de la dictadura de Primo de Rivera en 1929). Aquel mismo año, el autor viaja a Buenos Aires, donde Lola Membrives estrena *Bodas...* y obtiene un estruendoso éxito. De vuelta a España, Lorca es solicitado por los editores y por las primeras figuras del teatro español: el director Rivas Cherif y la actriz Margarita Xirgu, que estrena *Yerma* en 1934. Por primera vez ve el fruto de su trabajo debidamente recompensado, y eso le hace renovar su esfuerzo trabajando sin descanso. Para ello le resultan especialmente apropiadas sus largas estancias en la Huerta de San Vicente, la casa donde vive su familia en las afueras de Granada.

Lorca era ya un escritor imprescindible. Su notoriedad le obligaba a saludar por la calle a quienes lo reconocían y le pedían autógrafos o lo rodeaba de periodistas y hasta estudiosos, y sus obras eran esperadas y comentadas. En 1935 estrenó *Doña Rosita la soltera* y publicó *Llanto por Ignacio Sánchez Mejías*. Su vida sentimental se encontraba también en una etapa de equilibrio reconfortante. Pero debemos tener en cuenta también que junto a sus éxitos no dejaba de recibir las condenas —y el descrédito, y hasta la ridiculización— de los sectores más conservadores, y que su triunfo público suponía una ofensa para sus inquisidores.

Cuando en el verano de 1936 se inició la rebelión militar contra la República, Lorca tenía pendiente un viaje a México, desde donde la Xirgu, que representaba *Yerma* y otras obras lorquianas con gran éxito, le urgía a tomar el barco. Su indecisión —y también su miedo al mar y, por supuesto, la negativa a alejarse de quien amaba— lo retuvo en España. Como todos los veranos, se dirigió a Granada para celebrar, el 18 de julio, el santo de su padre y el suyo propio. Allí triunfó pronto la rebelión y, como fue ocurriendo poco a poco por todo el país, la larga rivalidad entre las dos Españas cobró tintes sangrientos: el odio obtuvo permiso —y hasta bendiciones— para matar, y se desencadenó a gran escala una represión que meses atrás habría parecido inimaginable.

Lorca, al ver que el cerco de sus perseguidores se cerraba sobre él, habría podido trasladarse, como hicieron otros, al territorio controlado aún por la República, que no quedaba lejos, pero estaba seguro de que su huida habría hecho recaer la vesania de los matarifes sobre su familia. No en vano su padre era un reconocido liberal, suegro del entonces alcalde de Granada (pronto detenido y fusilado también). Intentó parapetarse en casa de sus amigos los Rosales, falangistas militantes, y hoy está fuera de toda duda que tanto el entonces joven poeta Luis Rosales como sus hermanos hicieron lo posible por salvarlo (y hasta tuvieron que dar explicaciones para justificar ante las nuevas autoridades la anomalía de albergar en su casa a un «rojo»). También acudió en su ayuda, inútilmente, Manuel de Falla. Pero la sentencia estaba dictada: el poeta era un enemigo público de quienes habían asaltado el poder. Lorca fue detenido y encarcelado el 16 de agosto y fusilado y enterrado, no se sabe exactamente dónde, cerca de Víznar, el 18 o el 19. El hecho de que ese fuera el procedimiento utilizado con muchas otras víctimas no resta nada a la vileza de quienes dieron la orden y de quienes la ejecutaron.

La familia de García Lorca se exilió al final de la guerra a Nueva York, donde su hermano Francisco sería después profesor de universidad. El hombre que compartió la intimidad del poeta durante sus últimos años se alistó voluntario en el ejército republicano y murió en combate. La generación de poetas, novelistas, profesores, científicos e intelectuales de todo tipo a la que pertenecía Lorca fue diezmada por la muerte, la cárcel o el exilio (exterior o interior). Ciertamente, no todo intelectual fue incondicional de la República, ni todo partidario del nuevo régimen habría aprobado asesinatos como el de Lorca. Pero lo cierto es que aquella fue la manera más trágica de cerrar un periodo especialmente brillante y prometedor de nuestra cultura, y que la muerte de Lorca simboliza plenamente el choque brutal que se produjo entre la lucidez creativa y la violencia ciega.

TRAYECTORIA Y SENTIDO DEL TEATRO DE LORCA

Teatro y poesía

Al leer a García Lorca, difícilmente podemos separar al poeta del dramaturgo: los dos trabajaban siempre juntos. En su poesía encontramos con frecuencia desdoblamientos líricos que se graban en la memoria como brevísimas escenas. Ya en *Libro de poemas*, la «Balada de un día de julio», fechada en 1919, dice:

> —¿Qué llevas en la boca
> que se te enciende?
> —La estrella de mi amante
> que vive y muere.

Un personaje es una doncella, y el otro, alguien sabio y lleno de tiempo que acaba diciendo: «Tú vas para el amor / y yo a la muerte». Ahí están ya esbozados los temas centrales de los grandes dramas lorquianos.

En sus libros de poesía más leídos tenemos momentos semejantes. Baste recordar los diálogos enigmáticos incluidos en «Romance sonámbulo» o en «Romance de la pena negra», ambos del *Romancero gitano*, o los poemas «Herbario» y «Encuentro» de *Suites*. Este último acaba así:

> *Ella*
> Los instantes abiertos clavaban
> sus raíces sobre mis suspiros.

> *Yo*
> Enlazados por la misma brisa
> frente a frente ¡no nos conocimos!

Ella
El ramaje se espesa, vete pronto.
¡Ninguno de los dos hemos nacido!

Poco les falta a esas voces para sonar con el mismo timbre de la escena más crítica —el penúltimo cuadro— de *Bodas de sangre*. Hay un momento en que el teatro se incrusta en un libro de poemas de manera espontánea: *Poema del cante jondo* acaba con dos mínimas piezas teatrales: «Escena del teniente coronel de la Guardia Civil» y «Diálogo del Amargo». En rigor, podríamos decir que *Poema del cante jondo* pertenece tanto a la obra lírica como a la dramática de Lorca.

De manera inversa, en su teatro encontramos momentos líricos que, leídos aisladamente, constituyen poemas redondos: baste recordar el romance que canta Belisa en el último cuadro de *Amor de don Perlimplín*..., fuera de escena, mientras unas voces anónimas le hacen coro y su enamorado le apoya *recitando* el estribillo: «Se mueren de amor los ramos», con ese sabor a Lope de Vega tan propio de otros romances suyos publicados el mismo año de la composición de la pieza (1928).

Para Lorca era evidente que entre la poesía y el teatro todo son vasos comunicantes: «El teatro es la poesía que se levanta del libro y se hace humana. El teatro necesita que los personajes que aparezcan en la escena lleven un traje de poesía y al mismo tiempo que se les vean los huesos, la sangre»[2].

La única diferencia notable que podemos observar entre esas dos caras de su quehacer literario es el planteamiento que adoptaba el autor ante cada género: la poesía brotaba de su

---

[2] Federico García Lorca, *Obras completas III, Prosa,* ed. de Miguel García Posada, Galaxia Gutemberg-Círculo de Lectores, pág. 630.

hervidero emocional e iba dirigida a la fibra más íntima del lector; y el teatro, además de responder igualmente a esa necesidad vital de expresión artística, perseguía la repercusión externa inmediata, el prestigio, la independencia económica, la intervención activa en el panorama sociocultural de su tiempo. Poner personajes en escena para representar conflictos humanos suponía entonces ocupar un puesto en la primera fila de la actualidad cultural. Todavía los medios de comunicación eran subsidiarios de otros foros generadores de opinión como el Parlamento, la cátedra o el teatro. Hablando ante un auditorio de actores, declaró Lorca: «El teatro es uno de los más expresivos y útiles instrumentos para la educación de un país y el barómetro que marca su grandeza o su descenso. Un teatro sensible y bien orientado en todas sus ramas, desde la tragedia al vodevil, puede cambiar en pocos años la sensibilidad de un pueblo» [3]. Esas palabras fueron pronunciadas en 1935, cuando ya Lorca había obtenido una abundante cosecha de éxitos teatrales rodeada de ataques y acusaciones que no apuntaban solo a su estética, sino sobre todo a su forma de pensar.

Por otro lado, que el teatro incluyera verso, o incluso fuera escrito totalmente en verso, era algo común en la época. La novedad consistía en la función del verso o de la prosa en la escena: «No más una obra dramática con el martilleo del verso desde la primera a la última escena. La prosa libre y dura puede alcanzar altas jerarquías expresivas, permitiéndonos un desembarazo imposible de lograr dentro de las rigideces de la métrica. Venga en buena hora la poesía en aquellos instantes que la disipación y el frenesí del tema lo exijan» [4]. Los perso-

---

[3] *Obra completa III*, pág. 255.
[4] *Obra completa III*, pág. 411.

najes se comunican de manera habitual, con la sintética funcionalidad que requiere el diálogo escénico, y el verso aparece cuando la comunicación deja el plano de los hechos cotidianos para trasladarse al de los símbolos atemporales, es decir, cuando los personajes no intercambian información objetiva, intenciones, datos, recuerdos, sino reacciones incomprensibles para ellos mismos o fuerzas misteriosas que los arrastran. Los procedimientos de Lorca no eran totalmente nuevos, desde luego. Pero a la versificación convencional de Eduardo Marquina o al rupturismo impresionista de Jacinto Grau, el poeta granadino añade, además de su insuperable manejo del verso, una agudeza dramática que procede de la farsa popular y del expresionismo de Valle-Inclán. Sin olvidar a Shakespeare, cuyo *Sueño de una noche de verano* aparece constantemente en la obra lorquiana.

Por otro lado, la poesía rezuma permanentemente en el teatro de Lorca. Ese «traje de poesía» que llevan sus personajes nos hace ver en escena a seres de realidad descarnada que se expresan a veces más allá de sí mismos. Si la «carpintería teatral» lorquiana es por momentos vertiginosa —*Amor de don Perlimplín*— y por momentos demorada —*Yerma*—, la calidad lírica de cuanto dicen sus héroes nos mantiene siempre atentos a desarrollos emocionales que tienen que ver tanto con el transcurso del tiempo como con la hondura de cada instante.

La carrera teatral

En 1919 estrenó Lorca por primera vez en un teatro comercial. El valor que para nosotros tiene aquella pieza claramente inmadura, *El maleficio de la mariposa*, radica, por un lado, en la concepción poética de su trama, y por otro, en el atrevimiento que supuso estrenarla tanto por parte del autor —que, lógicamente, deseaba probar suerte cuanto antes— como por la del director, Gregorio Martínez Sierra. Lorca estaba por entonces recién llegado a Madrid y tuvo la suerte de ser bien acogido por el hombre de teatro quizá más avanzado de su época. En la sala que dirigía Martínez Sierra, la Eslava, subieron a escena las primeras piezas ajenas al realismo costumbrista o al idealismo mecánico entonces en boga. No es extraño que el perspicaz director viera una propuesta nueva, por su simbolismo y su frescura, en la «comedia de curianas» que mostraba al espectador el amor imposible de un animal considerado repugnante, una cucaracha («Curianito el Nene»), por una espectacular Mariposa. El público, sin embargo, tenía una opinión muy distinta y lo mostró con protestas y pateos.

Pese a su indudable bisoñez, *El maleficio...* muestra ya alguna de las preocupaciones que serán constantes en la obra lorquiana: la injusticia de que el amor deba regirse por un esquema prefijado (de hombre a mujer, entre seres necesariamente hermosos) y la insatisfacción radical que lleva consigo el sentimiento amoroso: «¿Quién me puso estos ojos que no quiero / y estas manos que tratan / de prender un amor que no comprendo?», dice el personaje central en su aria última.

Del fracaso de su primer estreno, Lorca aprendería que para triunfar era necesario darle al público dramas menos ingenuos y más enraizados en la tradición. Bien presente lo tendría cuando estrenara su siguiente pieza, *Mariana Pineda*, siete años después. Pero también tomó nota de otros defectos formales: «La palabrería es odiosa, y nada odio tanto precisamente por llevarlo en el temperamento como la exageración» [5]. Los espec-

---

[5] Ian Gibson, *ob. cit.*, pág. 171.

tadores de Lorca no volverían a soportar una lluvia de diminutivos tan estridente como la de *El maleficio de la mariposa*. En obras inmediatamente posteriores encontraremos acotaciones tan sintomáticas como estas: «Escena delicadísima de matizar, procurando no caer en exageraciones que perjudiquen su emoción» (*Mariana Pineda*), «Al actor que exagere lo más mínimo, debe el Director de escena darle un bastonazo en la cabeza» (*La zapatera prodigiosa*). Más que acotaciones, como se ve, son mensajes urgentes para el responsable de la puesta en escena, que tantas veces fue él mismo.

Pero *Mariana Pineda*, pese a obtener un relativo éxito, tampoco satisfizo al autor. En el momento de su estreno ya estaba escribiendo piezas mucho más arriesgadas y él mismo era consciente de que sobraban rémoras románticas en la aventura de la heroína liberal granadina.

Su siguiente estreno sería el de *La zapatera prodigiosa*, esta vez en el teatro Español, a las órdenes de Cipriano Rivas Cherif, entonces joven director conectado con los movimientos teatrales más renovadores de Europa, y con Margarita Xirgu en el primer papel. Era la Navidad de 1930, es decir, Lorca ya había vuelto de su estancia en Nueva York y Cuba y tenía en sus carpetas, acabados o en proceso de escritura, textos teatrales muy distintos al que acababa de dar a la escena. Siendo *La zapatera* una de sus obras más logradas, Lorca sabe —y así lo declara incluso— que su teatro tiene otras ambiciones. Pero el dramaturgo debe estudiar la estrategia de su presentación ante el público para adquirir la solvencia que le permita lanzar posteriormente piezas más arriesgadas. Por otro lado, la censura sigue funcionando todavía y no puede olvidar que un año antes se le ha prohibido estrenar *Amor de don Perlimplín con Belisa en su jardín*.

El hecho de que Lorca escribiera varios tipos de piezas a la vez y estrenara unas mientras reservaba otras, nos invita a no clasificar su teatro de manera rígida [6]. Para tener una visión de conjunto, trazaremos a continuación las líneas generales por las que se mueve el grueso de su obra dramática, pero siempre teniendo en cuenta que el autor llevó adelante un trabajo diversificado —y, ya en esta etapa, febril— que no es lícito dividir en fases o en series separadas. Cuatro son los apartados que podemos distinguir: *a)* piezas con Granada al fondo, *b)* farsas guiñolescas (para muñecos o para actores), *c)* teatro experimental (breve e irónico o en formato habitual y trágico), y *d)* grandes dramas.

a) El ambiente genuinamente granadino de *Mariana Pineda* reaparecería en *Doña Rosita la soltera o el lenguaje de las flores*, aunque esta vez para darnos como heroína a una víctima de las convenciones provincianas. Entre las obras inacabadas de Lorca, el primero y único acto escrito de *Los sueños de mi prima Aurelia* —en la que trabajaba, al parecer, en el verano de 1936— vuelve a retratar el ambiente cerrado e inmovilista contra el que tuvo que enfrentarse la propia sensibilidad del autor. Tanto *Doña Rosita* como *Los sueños* están tratadas en clave de comedia, más dramática la primera, más desenfadada la segunda, pero en ambas encontramos con nitidez las intenciones críticas de quien se proponía escribir toda una «serie de crónicas granadinas».

b) Los críticos que celebraron el estreno de *La zapatera prodigiosa* subrayaron las resonancias del teatro de guiñol que aparecían en aquella deliciosa obra. La farsa de muñecos había sido una de las formas teatrales populares más apreciadas por Lorca. Tanto *La zapatera prodigiosa* como *Amor de don Perlim-*

---

[6] Francisco García Lorca, *Federico y su mundo*, Alianza Editorial, Madrid, 1990, págs. 372 y ss.

plín *con Belisa en su jardín* sustituyen los muñecos por actores, pero su estructura y su comicidad —en el caso de la segunda, incluso, su dramatismo— procedían de la rica vena popular del teatro de marionetas, al que pertenecen *Los títeres de Cachiporra. Tragicomedia de don Cristóbal y la Señá Rosita* y *Retablillo de don Cristóbal*, dos piezas llenas de humor y entreveradas de gracia crítica. Las cuatro farsas tratan prácticamente el mismo tema: el amor inviable de una mujer joven con un hombre viejo o no deseado, y la resolución siempre dramático-burlesca de un conflicto erótico que tenía ramificaciones muy serias. Lorca dirigiría el estreno de *Amor...* en 1933, en el Club Anfistora de Madrid, y el de *Retablillo...*, en 1934, en Buenos Aires y Madrid. Anterior a todas estas obras, y no tan acabada como ellas, es *Lola la comedianta*, libreto de ópera que Lorca escribió para su maestro Falla, y que no se plasmó en el pentagrama, muy probablemente, a causa de la hilarante picardía erótica del personaje central, que debió de parecerle excesiva al músico.

c) Junto a las «estampas granadinas» y las farsas guiñolescas, Lorca estaba elaborando un teatro insólito en su época, que en muchos aspectos se adelantaba al teatro del absurdo. Ya de 1925 son los *Diálogos*, breves piezas vibrantes, de teatralidad casi imposible, emparentadas con el teatro de Gómez de la Serna y con el surrealismo: Lorca llega a escribir un «Diálogo mudo de los cartujos». Es necesario subrayar que tanto su estancia en Nueva York como la influencia de las ideas de Dalí —excelente escritor, por otra parte— fueron aportaciones a un proceso de maduración que ya se había iniciado en Lorca. Sus grandes dramas experimentales son *El público* y *Así que pasen cinco años*, escritas, respectivamente, en 1930 y 1931. De la primera, Lorca dijo en repetidas ocasiones que era su «verdadera obra», y cabe pensar que el aplazamiento de su estreno se debió tanto a las dificultades de su puesta en escena como a su contenido laberíntico y discordante, donde el homoerotismo se enmarca en una revolución teatral. En el mismo contexto íntimo al mundo del teatro, y con intenciones aún más revolucionarias, se sitúa *Comedia sin título*, que nos ha llegado incompleta. Valga este apartado, por último, para situar *Viaje a la Luna*, un guión cinematográfico escrito en Nueva York, que en algún aspecto responde al de *Un perro andaluz*, de Buñuel y Dalí, rodado poco antes, y que lo supera en sugerencias dramáticas.

d) Pero Lorca era consciente de que el éxito no podía llegarle con obras tan arriesgadas como las anteriores. Sabemos que *Así que pasen cinco años* iba a ser estrenada en el otoño de 1936, en el club privado Anfistora, donde se ofrecían representaciones del teatro más progresista de Europa. En aquel año, Lorca era ya un dramaturgo respetado gracias al éxito obtenido por sus grandes dramas: *Bodas de sangre*, que había obtenido un éxito indudable en Madrid, en 1933, pero que en Buenos Aires, al año siguiente, había triunfado de forma arrolladora, y *Yerma*, que subió a la escena en 1934, con Margarita Xirgu en el papel principal. La misma actriz (que en 1935 estrenó *Doña Rosita la soltera*) llevaría a la escena en 1945, en Buenos Aires, *La casa de Bernarda Alba*, obra leída por el autor en repetidas ocasiones a sus amigos semanas antes de ser asesinado. Lorca también había hablado varias veces de una obra que cerraría la trilogía ya iniciada con *Bodas...* y *Yerma*; se titularía *La destrucción de Sodoma* (aunque también fue llamada por el autor *El drama de las hijas de Lot*), y es posible que en su mente estuviera ya muy elaborada, pero solo nos ha llegado de ella un breve fragmento.

La trayectoria teatral de Lorca describe una línea sinuosa, como se ve, y ello no tiene nada de extraño si consideramos la fertilidad artística del autor, por un lado, y las dificultades de producción teatral, por otro. En cualquier punto de dicha trayectoria hay que tener en cuenta siempre la necesidad acuciante que tenía Lorca de ganar dinero con su teatro, algo que solo pudo conseguir realmente, por primera vez, en 1934, en Buenos Aires. Es de suponer que cuando desde allí envió dinero a sus padres lo hiciera con una satisfacción muy profunda (y muy legítima): así demostraba que había acertado en su orientación profesional.

Como se puede apreciar, la carrera teatral pública de Lorca fue cortísima. Contando entre sus obras de madurez a *Mariana Pineda* —y dejando aparte el intento fallido de *El maleficio de la mariposa*—, Lorca fue un autor teatral conocido desde 1927, pero en realidad no se lanzó plenamente a la conquista de la cartelera hasta su vuelta de Nueva York y Cuba, en 1930. En apenas seis años, el poeta llevó a cabo la proeza de saltar al primer plano de la actualidad escénica, lo que en la época equivalía a la máxima notoriedad que podía desear un escritor.

Los temas

El Lorca dramaturgo trató siempre los mismos temas, aunque con variantes marcadas por el carácter de los personajes o por la orientación del conjunto de la pieza. El amor insatisfecho, imposible, combatido o no correspondido, el amor en su gama más amarga es el tema recurrente de toda su producción teatral; y junto a él, los temas íntimamente asociados: la muerte, el paso del tiempo, la injusticia que suponen las convenciones sociales atenazadoras del amor. Cualquier otro tema (la libertad en *Mariana Pineda*, el opresivo ambiente provinciano de *La casa de Bernarda Alba* o de *Doña Rosita la soltera*, la crítica radical del arte escénico en *El público*) está tratado en función del amor, tiene el amor como desencadenante o se orienta a él.

En varias ocasiones, el origen de la pieza teatral se encuentra en tradiciones, coplas populares o sucesos especialmente llamativos y contemporáneos al autor. Si *Mariana Pineda* se subtitula «romance popular» es porque la obra parte de una tradición muy arraigada en la tierra del poeta, donde era venerada —y cantada en coplas— aquella mujer que prefirió ser ajusticiada antes que delatar a sus correligionarios conspiradores contra el absolutismo. Pero si Mariana Pineda resulta ya un personaje plenamente lorquiano es porque se enfrenta a la muerte por ser consecuente con su amor. La hazaña política esconde un drama pasional: «Pedro, mira tu amor / a lo que me ha llevado». Mariana borda la bandera liberal y se compromete en la lucha política por amor. Y cuando se queda sola, abandonada del hombre que ama, enfrentada al dilema de ser leal a su amor y morir a manos ajenas o ser desleal y morir dentro de sí, exclama:

¡Yo soy la libertad porque el amor lo quiso!
¡Pedro! La libertad, por la cual me dejaste.
¡Yo soy la libertad herida por los hombres!
¡Amor, amor, amor y eternas soledades.

En la contradicción «[yo soy] la libertad, por la cual me dejaste» está el drama del amor imposible, que es una constante del teatro lorquiano. Ser libre, para Mariana, supone la única forma de que Pedro la ame y, a la vez, la seguridad de que va a morir abandonada. Podría amar a Fernando y vivir, pero eso sería renunciar al verdadero amor, al que la hará morir.

El amor es la fuerza que mueve implacablemente a los personajes de Lorca. En las farsas, el amor conflictivo —mujer joven ante hombre viejo— aparece suavizado por el tratamiento ridiculizador de las situaciones, pero eso no borra la tragedia íntima. La «señá» Rosita de la *Tragicomedia* lo dice bien claro, cuando su padre le comunica que le ha dado su mano a don Cristóbal:

> ¡Ay, ay! ¡Digo! Dispone de mí y de mi mano, y no tengo más remedio que aguantarme porque lo manda la ley. (*Llora.*) También la ley podría haberse estado en su casa. ¡Si al menos pudiera vender mi alma al diablo! (*Gritando.*) ¡Diablo, sal, diablo, sal!

Y ante la insistencia del padre, que le recuerda la vigencia de la ley y le ordena callar, dice:

> Entre el cura y el padre estamos las muchachas completamente fastidiadas.

En *La zapatera prodigiosa*, el juego escénico coincide con el amoroso: el distanciamiento entre marido y mujer es la única forma de que vuelvan a encontrarse. Al final, reconciliados en su hogar los zapateros, oímos a la fierecilla momentáneamente domada: «Ya somos dos a defender mi casa, ¡dos!, yo y mi marido. ¡Con este pillo, con este granuja!» Aunque la zapatera acaba siendo la misma del comienzo, ha aceptado que su amor posible está en quien tanto la quiere, a su manera: siendo un final ambiguo e insatisfactorio para los dos personajes, es el más «feliz» de todo el teatro lorquiano.

No es casual que aludamos a Shakespeare: si imposible de domar es la zapatera (18 años) por su marido (53), más difícil todavía se presenta la bella Belisa, que canta en su balcón un verdadero reclamo erótico:

Amor, amor.
Entre mis muslos cerrados
nada como un pez el sol.
Agua tibia entre los juncos,
amor.

Perlimplín solo encuentra una manera de conquistar a su fogosa compañera, que ya le ha sido infiel con cinco «representantes de las cinco razas de la tierra»: disfrazarse de galanteador esquivo, que pasea bajo el balcón de Belisa y la enamora sin acercarse a ella. Cuando está consiguiendo su objetivo y ya ve intrigada a su mujer con quien, según él, es un «bello joven», tenemos la impresión de que son ambos, Belisa y él, los que están enamorándose del personaje irreal, recién creado. «Como soy un viejo quiero sacrificarme por ti. Esto que yo hago no lo hizo nadie jamás. Pero ya estoy fuera del mundo y de la moral ridícula de las gentes». Perlimplín mata al joven —se mata— y así asegura la existencia de su único amor correspondido. La tragedia en que acaba la farsa redondea una de las piezas teatrales más poderosas e intensas de Lorca.

Más tarde, en sus grandes dramas, los personajes aparecerán ya sin máscaras de muñecos, arrebatados ante nuestros ojos por el vendaval del amor: sobre todo la novia de *Bodas de sangre* y Adela, la hija menor de Bernarda Alba, no podrán resistirse al empuje ciego que las conduce a la perdición propia y a la de quien se interponga en su camino. El amor actúa como un dios clásico, enemigo de los mortales, a los que enardece y destruye. Lorca tendrá muy presente la escena de *Sueño de una noche de verano*, de Shakespeare, donde Titania, condenada a enamorarse de la primera criatura que vea al despertar, se queda prendada de un asno. El amor no repara en convenciones sociales o «naturales», y echa sus raíces en parejas que él elige al azar. Así, en *El público*, El Director dice en plena lucha erótica con el Hombre 1.º: «Yo me convertiré en lo que tú desees».

En este oscuro drama —precisamente, de «amor oscuro»— Lorca plantea de manera extremada la legitimad del amor pansexual, del amor no codificado: «Romeo puede ser un ave y Julieta puede ser una piedra. Romeo puede ser un grano de sal y Julieta puede ser un mapa». Y más explícitamente: «¿Es que Romeo y Julieta tienen que ser necesariamente un hombre y una mujer para que la escena del sepulcro se produzca de manera viva y desgarradora?». Se explica que el autor declarara varias veces que la pieza era irrepresentable o muy difícil de montar: si entre el público español había siempre un sector dispuesto a pitar y a replicar de la manera más soez ante cualquier alusión erótica heterodoxa, podemos imaginar el riesgo que corría Lorca al hacer que un actor proclamara, cuando otro le descubre que su Julieta es en realidad «un joven disfrazado»: «No me queda tiempo para pensar si es hombre o mujer o niño, sino para ver que me gusta con un alegrísimo deseo». Tanto quienes creyeran superficialmente estar a favor como quienes se sintieran agredidos en sus convicciones suponían un riesgo muy considerable para un autor que empezaba a ser respetado.

La frustración causada por la infecundidad no solo aparece en *Yerma*. Tanto *El público* como *Así que pasen cinco años* están atravesados por un deseo imposible de que el amor se resuelva en vida nueva, en vida indiscutible. El hijo se vislumbra como la confirmación de que el amor, por singular que sea, es lícito. Por eso el Maniquí de *Así que pasen...* clamará: «Mi hijo».

¡Quiero a mi hijo!», y al final de *El público*, la Señora que llega buscando a su hijo, Gonzalo, al Hombre 1.º (¿amante o desdoblamiento del Director?), recuerda haberlo encontrado convertido en pez, es decir, haberlo perdido. No hay trascendencia viva, no hay paso más allá del amor en estos personajes, y eso los ahoga y les combate el sentido de su propio amor.

Como se ve, el tema de la muerte es en Lorca inseparable del amor. Igual ocurre con el tiempo. Ya en *Los títeres de Cachiporra. Tragicomedia...* aparece en escena una Hora para detener a la «señá» Rosita, que quiere suicidarse:

> ¡Tan! Rosita: ten paciencia, ¿qué vas a hacer? ¿Qué sabes tú del giro que van a tomar las cosas? Mientras que aquí hace sol, en otras partes llueve (...) Yo, como vengo todos los días, te recordaré esto cuando seas vieja y hayas olvidado este momento. Deja que el agua corra y la estrella salga.

Y en el diálogo *La doncella, el marinero y el estudiante*, leemos:

> ESTUDIANTE.—Va demasiado deprisa.
> DONCELLA.—¿Quién va deprisa?
> ESTUDIANTE.—El siglo.
> DONCELLA.—Estás azorado.
> ESTUDIANTE.—Es que huyo.
> DONCELLA.—¿De quién?
> ESTUDIANTE.—Del año que viene.

La tensión temporal rodea el drama amoroso en *Así que pasen cinco años*: «El agua que viene por el río es completamente distinta del agua que se va», lo que supone desarrollar, y no solo parafrasear, el *todo pasa* heraclitiano: a partir del momento presente transfigurador, la realidad que llegaba hasta él ya no será la misma, y en el momento siguiente el mundo será otro. El futuro inmediato es motivo de inquietud porque viene exigiendo una actitud que lo configure; y la inquietud se eleva a un nivel angustioso si el amor no asiste a quien tiene que afrontar el reto: cuando el Joven se queda definitivamente abandonado por la Novia, exclama: «¿Qué hago con esta hora que viene y que no conozco?».

La infertilidad de *Yerma* se nos muestra por momentos como un presente insoluble, como una imposibilidad de futuro que, en el desarrollo del «poema trágico», el espectador advierte como un estancamiento. Y en *Doña Rosita la soltera* —una Yerma contenida— el tiempo salta de un acto a otro bruscamente, marcando la piel y la amargura de la heroína que se ve al final despojada hasta del entorno donde ha transcurrido el tiempo baldío: «Cada año que pasaba era como una prenda íntima que arrancaran de mi cuerpo». En el mismo origen de este «poema granadino» está la copla de la rosa mudable, símbolo del paso del tiempo:

> Cuando se abre en la mañana
> roja como sangre está.
> La tarde la pone blanca
> con blanco de espuma y sal.
> Y cuando llega la noche
> se comienza a deshojar.

Podríamos decir, en definitiva, que en la obra dramática de Lorca, las farsas, los experimentos escénicos, los dramas rurales o las estampas provincianas tratan el entramado de temas que constituyen la existencia atormentada de quien se siente con derecho a estar tan vivo como el primero, aun siendo diferente de todos, pero comprende que solo puede conseguir ese objetivo pagando con su propia vida, y que ni siquiera muriendo está seguro de haber vivido alguna vez según le exigía su deseo.

BODAS DE SANGRE

En 1933, el famoso autor de *Romancero gitano* (1928) y de *Poema del cante jondo* (1931), el dramaturgo que había estrenado *La zapatera prodigiosa* (1930) y no solo *Mariana Pineda* (1927), estrena en el teatro Beatriz de Madrid *Bodas de sangre* y obtiene su primer gran éxito. La dirección ha sido obra del mismo Lorca, «cuidando particularmente las sutiles transiciones de prosa a poesía que caracterizan la obra, prohibiendo taxativamente cualquier veleidad grandilocuente por parte de los actores y orquestando el ritmo del conjunto como si se tratara de una partitura musical» [7].

La obra se basaba en un hecho real que había tenido amplia repercusión periodística años atrás. En el campo de Níjar, una joven se fugó con quien había sido pretendiente suyo años atrás, y lo hizo precisamente el mismo día en que iba a casarse con otro hombre al que no amaba. Un hermano del novio les salió al encuentro y mató al galán. Lorca aprovecha la decisión insólita de aquella mujer para edificar su tragedia sobre un punto de apoyo universal: la irresistible fuerza de la pasión amorosa. La anécdota escenificada variará detalles y personajes, lógicamente, en función del efecto escénico: la Novia es hermosa, como no podía ser menos en teatro y muy al contrario de la novia real; el Novio no es un pusilánime, como parecía ser el joven burlado, perseguirá él mismo a los fugados y morirá junto a su rival en una pelea que los sitúa al mismo ni-

---

[7] Ian Gibson, *ob. cit.*, pág. 520.

vel heroico. En medio de todos ellos, la figura fundamental de la Madre es completamente invención lorquiana. La Madre y la Novia se disputan la primacía entre los personajes. Si la Novia es el motor de la acción —todo gira alrededor de ella, tanto los buenos deseos como las intenciones ocultas—, la Madre habla siempre con la voz velada por el duelo que ha debido llevar a raíz de la muerte violenta de su marido y su hijo mayor: «Pasan los meses y la desesperación me pica en los ojos». Sus malos presagios no se disipan ni ante las buenas noticias: «Yo sé que la muchacha es buena... y siento, sin embargo, cuando la nombro, como si me dieran una pedrada en la frente». El Novio no quiere atender las oscuras alusiones de su Madre, pero actúa siempre influido por ella, pegado a su poder condicionante.

El carácter de la Madre se emparenta estrechamente con el de Bernarda Alba. Cuando el Padre de la Novia le ofrece vino al Novio (cuadro tercero del primer acto), es la Madre quien responde: «No lo prueba». Incluso sabe —lo dice un poco antes— que su hijo «no ha conocido mujer». Más adelante, cuando ya se ha celebrado la boda, la Madre adiestra a su hijo en la técnica de la violencia machista: «Que ella [la Novia] no pueda disgustarse, pero que sienta que tú eres el macho, el amo, el que manda. Así lo aprendí de tu padre. Y como no lo tienes, tengo que ser yo la que te enseñe estas fortalezas». Por otra parte, la Madre tiene, como Bernarda, la obsesión por la clausura femenina: «Hace veinte años que no he subido a lo alto de la calle». La mujer vive en los interiores; la calle es para los hombres y para las indecentes. Así le describe a la Novia, nada más conocerla, la vida de casada: «Un hombre, unos hijos y una pared de dos varas de ancha para todo lo demás».

Las mujeres llevan adelante la carga emotiva y la acción principal. Los personajes masculinos —el Novio, Leonardo, el

Padre de la Novia— actúan en consecuencia con los hechos, pero no muestran el talante complejo y el empuje de las heroínas. Hasta personajes femeninos secundarios como la Mujer y la Suegra de Leonardo cobran altura dramática apenas aparecen en escena. Leonardo, casi dejándose llevar por el noviazgo irresuelto más que interrumpido, se aproxima a la Novia para tentarla, se diría que para probar suerte, pero quien lo arrastra defintivamente es ella:

> LEONARDO.—¿Quién le puso
> al caballo bridas nuevas?
> NOVIA.—Yo misma. Verdá.
> LEONARDO.— ¿Y qué manos
> me calzaron las espuelas?
> NOVIA.—Estas manos.

El mismo caballo, que en toda la obra tiene una presencia simbólica fortísima (empuje de la sexualidad inocente y ciega, es decir: al filo de la muerte) arrastra a Leonardo: «Pero montaba a caballo / y el caballo iba a tu puerta». El amante es más objeto que sujeto de la fatalidad erótica. La misma impresión da el Novio, que va a la boda confiado, apoyado en su Madre y en el transcurso externo de los acontecimientos. Cuando se desencadena el conflicto, tanto él como Leonardo adquieren un relieve más nítido —el Novio asediado por la muerte, Leonardo enlazado a la Novia—, pero será ya en el espacio irreal último.

Más allá de los principales personajes no hay que olvidar a la Criada, que está al tanto de todo lo que ocurre —las tentativas de Leonardo hacia la Novia, las dudas de esta— y de lo que ocurrió —la vieja rivalidad entre la familia del Novio y la de Leonardo—. Ella hará de bisagra entre el plano donde se desenvuelven las acciones trascendentes y el de los hechos cotidianos, entre la fatalidad intemporal y la aceptación del humilde placer de cada día, entre lo imposible y lo posible. El lenguaje que emplean todos los personajes es nítido y recortado, con periodos directos repletos de contenido funcional. Los diálogos en prosa apenas contienen metaforización —a la que Lorca era muy proclive y de cuyo exceso no pudo librarse en algunos momentos de su teatro—, o la llevan incrustada en la acción: «Tú eres más rica que yo. Las viñas valen un capital. Cada pámpano una moneda de plata», dice el Padre de la Novia a la Madre del Novio. El revuelo metafórico se reserva para los momentos lírico-dramáticos: la nana del segundo cuadro, las coplas de boda y, sobre todo, el penúltimo cuadro, donde se concentran símbolos —la Luna, la Mendiga/muerte— y personajes abocados a sus propios límites —el Novio, la pareja en fuga.

Veamos el desarrollo de la acción:

El cuadro inicial es un alarde de precisión y de economía: apenas empiezan a hablar los primeros personajes, la Madre y el Novio, los elementos del drama se exponen ante el espectador con total nitidez; y la intervención de la Vecina, cuando ya el Novio se ha ido, redondea un planteamiento sintético y alarmante. El Novio es el último hijo de una familia diezmada a base de peleas mortales —la navaja ya ha sido nombrada, es decir: ya está actuando en escena— con los familiares de Leonardo, que pretendió a la Novia años antes y que ahora está casado con una prima de ella. La Madre ha prometido que irá el domingo siguiente a pedir a la Novia, pero sobre esa decisión se cierne la sombra de los lutos pasados y de los rencores perpetuos.

El cuadro segundo se presenta como un interludio lírico en el conjunto del primer acto, pero incluye una de las escenas más duras del drama. La nana que cantan la Suegra y la Mujer de Leonardo («Nana, niño, nana / del caballo grande / que no quiso el agua») se interrumpe con un diálogo áspero entre los tres personajes que no volverán a verse solos y en su casa: Leonardo oculta algo a su mujer, y aunque se le ve interesado por su hijo, hay indicios de que su corazón está en otra parte. Lo delata su desabrimiento y, fuera de escena, la fatiga extrema que la Suegra ha observado en el caballo de Leonardo. El caballo, que será el instrumento de la fuga, aparece ya simbolizando la vía de escape de la pasión; de ahí que, cuando Leonardo sale de escena, el caballo de la nana que vuelven a cantar las dos mujeres haya adquirido una coloración nefasta: la nana, que incluso antes de la irrupción de Leonardo no resultaba muy propia para dormir a un niño [8] —«la sangre corría / más fuerte que el agua»—, ahora ya, definitivamente, no acuna ni tranquiliza, sino que tensa el ambiente y preludia la desgracia.

Y el acto se acaba con el cuadro de presentación de la Novia, el día de su petición. El encuentro entre la Madre del Novio y la Novia es un momento fundamental: son los personajes que arrastran más posibilidades dramáticas —la familia rota y el ansia de venganza en la vieja, el deseo reprimido y la amargura del amor tibio en la joven—, y las dos se tratan con un cuidado propio de quienes saben que están adentrándose en terreno minado. Por eso resulta doloroso oír el «Yo sabré cumplir» que responde la Novia a la Madre: la joven está resignada, y así lo expresa en sus respuestas a su futuro marido:

---

[8] En su conferencia *Canciones de cuna españolas,* dice Lorca: «La canción de cuna europea no tiene más objeto que dormir al niño, sin que quiera, como la española, herir al mismo tiempo su sensibilidad» (*Obras completas III,* pág. 115).

NOVIO.—Cuando me voy de tu lado siento un despego grande y así como un nudo en la garganta.
NOVIA.—Cuando seas mi marido ya no lo tendrás.

Basta que la Novia se quede sola con la Criada para que estalle su mal humor. Y cuando su sirvienta le pregunta: «¿Sentiste anoche un caballo?», ya sabemos qué ocultaba Leonardo ante su mujer. Aunque la Novia no quiere reconocerlo, su desazón ante su boda está enlazada estrechamente al acecho de su antiguo novio. Y el primer acto acaba con la confirmación de las sospechas: se oye el trote de la ronda de Leonardo.

El segundo acto se compone de dos cuadros: en el primero la Novia no puede ocultar ante la Criada su angustia creciente, y su ausencia total de ilusión queda simbolizada cuando tira al suelo la corona de azahar. El azahar será recordado sarcásticamente por Leonardo en la escena central del cuadro, en la que se enfrenta a la Novia para remover las razones que hicieron fracasar su amor. Por parte de Leonardo, hay un vago reproche basado en la distancia de nivel económico que los separa, pero también se lamenta del orgullo de los dos. Y la Novia no puede negar su turbación: «No puedo oír tu voz. Es como si me bebiera una botella de anís y me durmiera en una colcha de rosas. Y me arrastra, y sé que me ahogo, pero voy detrás». Cuando Leonardo desaparece, los cánticos de boda que entonan ya los invitados contrastan con la decisión quebradiza de la Novia, que se coge del brazo del Novio «dramática», según acotación del autor.

En el segundo cuadro estalla el conflicto. Desde el punto de vista escénico, es el momento más movido y complejo, cuando más personajes intervienen y más intenciones y reacciones se contraponen: los padres de los recién casados hacen proyectos, siempre ensombrecidos por los malos presagios de la Madre del Novio; Leonardo sale y entra, mostrando una inquietud que solo puede tener un objetivo; hablando con su Mujer, el Novio llega a decir de quien está tramando traicionarlo: «Tu marido es un buen trabajador»; la Criada y las Muchachas invitadas giran alrededor de la Novia, aumentado así el contraste entre la alegría confiada de unos y la creciente agitación de quienes se sienten empujados fuera de allí; la Novia rechaza bruscamente el abrazo de quien ya es su marido, y mientras la Madre da consejos a su hijo, para que sepa ejercer el poder, el poder se les va de las manos: la huida se consuma. Es la Mujer de Leonardo quien da la noticia desgarradora y paraliza la fiesta; pero al momento la escena se moviliza en otra dirección:

> NOVIO.—¡Vamos detrás! ¿Quién tiene un caballo?
> MADRE.—¿Quién tiene un caballo ahora mismo, quién tiene un caballo? Que le daré todo lo que tengo, mis ojos y hasta mi lengua...

Con la cita del *Ricardo III* de Shakespeare —«¡Mi reino por un caballo!»—, Lorca vuelve a colocar en el centro neurálgico de la acción al animal simbólico. Y la Madre, al ver confirmados sus malos augurios, habla segura, respaldada por el restablecimiento de un estado dramático de los hechos que solo momentánea e ingenuamente se había interrumpido: «Ha llegado otra vez la hora de la sangre. Dos bandos. Tú con el tuyo y yo con el mío».

La tensión máxima del cuadro anterior se remansa en el comienzo del tercer acto con la aparición en escena de unos Leñadores que conocen los hechos pero no participan en ellos. La escena se orienta hacia la huida de los amantes pero con matices objetivos y hasta tolerantes: «Debían dejarlos», dice uno, y subraya otro: «El mundo es grande. Todos pueden vivir en él». Al afirmar que «el cuerpo de ella era para él y el cuerpo de él para ella», parecen defender el derecho de los amantes a obedecer a su instinto. Incluso lamentan que la fuga no tenga muchas posibilidades de éxito. Pero ya antes de que salgan de escena los leñadores, aparece la Luna («un leñador joven con la cara blanca»), y nos encontramos con una de las escenas más bellas de todo el teatro lorquiano: la Luna y la muerte en forma de Mendiga, dos voces de una misma asechanza, se enlazan en un diálogo poético de máxima intensidad, para recibir y envolver después al Novio, que viene sediento de sangre, y que también está amenazado. Y después, cuando el Novio se ha ido ya acompañado —atrapado— por la muerte, los dos amantes prolongan el hondo lirismo de la escena con un romance dialogado que condensa el drama entero:

> LEONARDO.—Que yo no tengo la culpa,
> que la culpa es de la tierra
> y de ese olor que te sale
> de los pechos y las trenzas.

Los dos intentan debatirse pero reconocen lo irresistible de la pasión que los une, y cuando ya el resplandor lunar —mortal— los va a alcanzar, se rinden al destino que los ha llevado hasta allí:

> LEONARDO.—Si nos separan, será
> porque esté muerto.
> NOVIA.—   Y yo muerta.

En el cuadro final la Madre es el centro del planto. Y aunque su primera reacción ante la Novia es agredirla, tiene que oír su alegato: «¡Tu hijo era mi fin y yo no lo he engañado, pero el brazo del otro me arrastró como un golpe de mar, como la cabeza de un mulo, y me hubiera arrastrado siempre, siempre, siempre, aunque hubiera sido vieja y todos los hijos de tu hijo me hubiesen agarrado de los cabellos!» Era irremediable. La madre acepta que la Novia llore a su lado, y el drama termina con el poema que canta el símbolo de la fiereza escondida (que recobra el brillo maléfico de la navaja del primer cuadro):

> Con un cuchillo,
> con un cuchillito
> que apenas cabe en la mano,
> pero que penetra fino
> por las carnes asombradas,
> y que se para en el sitio
> donde tiembla enmarañada
> la oscura raíz del grito.

Cuando baja el telón, el espectador siente que ha asistido a la representación de un rito antiquísimo y renovado, casi a un sacrificio, cuyo significado último es simple y terrible: el amor más intenso solo es posible a costa de la vida; quienes se ven envueltos en el torbellino del amor acaban siendo sus víctimas.

En *Bodas de sangre*, Lorca concentra acciones externas y símbolos internos en una trama tan precisa que su efecto debió ser fulminante. Así lo confirma el éxito que obtuvo, tanto en Madrid como en Buenos Aires, unos meses después, y en Barcelona en 1935. En aquel mismo año fue estrenada en Nueva York. A partir de esta pieza, Lorca podía pensar con toda razón que tenía ya asegurados su audiencia y su futuro.

La casa de Bernarda Alba

Durante los últimos años de su vida, Lorca trabajó intensamente en numerosos proyectos teatrales. El éxito de *Bodas de sangre* fue seguido por los estrenos de *Yerma* (1934) y *Doña Rosita la soltera* (1935), dos obras muy distintas de concepción aunque conectadas en el fondo por el tema del amor frustrado. La carrera teatral de Lorca recorría etapas con paso firme, pero no sin contratiempos: al ganar las elecciones la derecha, en 1934, la crítica reaccionaria redobló sus ataques contra un autor que se había atrevido a poner en escena la «Romería de los cornudos» en *Yerma* o había ridiculizado el estancamiento moral de la vida provinciana en *Doña Rosita*. Con frecuencia esos ataques tomaban forma de críticas *ad hominem* —¿cómo alguien que es «así» se atreve a hablar en voz alta?— y hasta de insultos. Su cercanía al ministro socialista De los Ríos, señalado por el dedo inquisitorial como judío, no pasaba desapercibida. El presupuesto oficial de «La Barraca» había sido reducido. El ambiente político y social, desde las elecciones de febrero de 1936, se enrarecía, tanto por los excesos de unos como por las provocaciones de otros. Lorca no quería tomar un partido preciso —rechazó firmar documentos de apoyo al Partido Comunista— pero no ocultaba, sino que más bien intensificaba, su postura crítica contra el conservadurismo opresor.

La casa de Bernarda Alba se acabó de escribir el 19 de junio de 1936. Como dice I. Gibson, «no pudo ser casualidad que Lorca concibiera una obra sobre la tiranía en momentos en que había en España el peligro de un golpe de Estado fascista» [9].

[9] *Ob. cit.*, pág. 646.

La obra se distancia tanto del aura poética que rodea prácticamente toda *Bodas de sangre* y buena parte de *Yerma*, como de la melancolía amable de *Doña Rosita la soltera*. Lorca tampoco quería ser encasillado teatralmente y lo mismo que se debatió contra su imagen como «poeta de los gitanos», sorprendió con un drama realista a quienes lo consideraban un dramaturgo definitivamente lírico.

«Drama de mujeres en los pueblos de España» se subtitula la obra. En realidad, no puede decirse que el ambiente de *La casa de Bernarda Alba* sea típicamente andaluz, aunque en su lenguaje encontremos referencias precisas a la Vega granadina. De hecho, Lorca se inspiró en una familia, de apellido Alba, cuya casa colindaba con la de unos primos del autor. En el patio de aquella casa jugó él de niño y debió oír hablar de personajes con posibilidades literarias: una mujer viuda con dos hijos, que se volvió a casar y tuvo cuatro más, y el matrimonio de una hija del primer marido con un tal José de un lugar llamado Romilla, que al quedarse viudo a su vez volvió a casarse con una de sus cuñadas, hija del segundo matrimonio de la matrona Alba. La transformación del apodo Romilla en el más literario Romano es solo un detalle de la distancia que media entre la realidad y el drama.

Lorca leyó la obra a varios grupos de amigos, y en más de una ocasión subrayó el carácter realista de su nuevo drama: «¡Ni una gota de poesía! ¡Realidad! ¡Realismo puro!» Si hubiera llegado a preparar el texto para su montaje, es posible que hubiera cambiado algunos nombres —sobre todo, el apellido central—, pero la pieza estaba completamente acabada cuando fue asesinado.

Lo primero que llama la atención en *La casa de Bernarda Alba* es que todos sus personajes son femeninos. En anteriores estados de elaboración de la obra no era así, pero el autor optó finalmente por dejar a mujeres solas en escena. Hay un momento, en el primer acto, en que los hombres se aproximan demasiado, cuando vienen de acompañar al duelo del segundo marido de Bernarda, pero esta ordena: «Que salgan por donde han entrado. No quiero que pasen por aquí».

Aun así, la cercanía de los hombres, y no solo de Pepe el Romano, es permanente en el transcurso de la obra: el cura y el sacristán, con sus cantos tan atractivos para Poncia, los raptores de Paca la Roseta, el novio de una amiga de las hermanas, que «no la deja salir ni al tranco de la calle». Pero el hecho de que no aparezcan en escena es el subrayado definitivo de la ley impuesta por Bernarda: «En ocho años que dure el luto no ha de entrar en esta casa el viento de la calle. Haceros cuenta que hemos tapiado con ladrillos puertas y ventanas».

Ese es el planteamiento del drama, que se lleva a cabo a lo largo del primer acto: al volver del entierro de su marido, Bernarda pone orden en su casa: despide a los hombres después de darles de beber y de retenerlos en el patio, reza una letanía con las mujeres que la han acompañado y, apenas las pierde de vista, las maldice; y en cuanto a sus hijas, les recuerda: «Aquí se hace lo que yo mando».

El personaje central del drama no tiene fisuras: si no fuera porque conocemos demasiado bien en nuestro país ese tipo humano cerrado sobre sí mismo e intolerante con las debilidades humanas, alguien podría decir que Bernarda es demasiado cruel para resultar creíble. Ella diría que es solo coherente: «Así pasó en casa de mi padre y en casa de mi abuelo», «Hilo y aguja para las hembras. Látigo y mula para el varón. Eso tiene la gente que nace con posibles».

Porque la casa de Bernarda es de las más ricas del pueblo. Su hija mayor, Angustias, ahora que ha muerto su padrastro, heredará la cuantiosa fortuna de su padre, pero siempre bajo la vigilancia del ama de casa, que es también ama de quienes la habitan. Angustias tiene treinta y nueve años. De todas las hijas de Bernarda, es la más próxima al ominoso estado de soltera. Ni ella ni sus hermanas han tenido novio. Cuando se lo recuerda a Bernarda la Poncia, criada atenta pero crítica, la madre legisladora exclama: «¡No, no ha tenido novio ninguna, ni les hace falta! Pueden pasarse muy bien. (...) No hay en cien leguas a la redonda quien se pueda acercar a ellas. Los hombres de aquí no son de su clase».

De nuevo, la clase, «la gente de posibles», la que ella representa ejerciendo un poder omnímodo, dando la única opinión aceptable, pronunciando siempre la última palabra. Pero las hijas de Bernarda son de carne y hueso, y en ellas late todavía una fuerza superior a la de las estrictas convenciones sociales o familiares. Angustias no puede reprimir su deseo de ver a Pepe el Romano entre los hombres que han venido al duelo, y tendrá que soportar en castigo los bastonazos de Bernarda, como después habrá de verse humillada por su madre cuando se atreve a maquillarse y a pedirle infructuosamente ¡que la deje salir! Pero el atrevimiento de Angustias se basa en el hecho que remueve toda la obra: en el pueblo se dice que Pepe el Romano quiere casarse con ella.

Las hermanastras de Angustias la envidian. Magdalena, que tiene ya treinta años, la aborrece. La hija mayor del padre que acaban de enterrar carece de la fortuna que al acercarse a la heredera rica pretende ganar Pepe el Romano, un hombre de veiticinto años, «el mejor tipo de todos estos contornos», subraya Magdalena, un caballista que podría pretender a cualquiera de sus otras hermanas —se cuida muy bien de incluirse a sí misma entre las posibles agraciadas— y no «a lo más oscuro de esta casa, a una mujer que como su padre habla con la nariz».

Martirio tuvo, tiempo atrás, un pretendiente que desapareció de pronto: «Una vez estuve en camisa detrás de la ventana hasta que fue de día, porque me avisó que iba a venir, y no vino». De aquella experiencia le ha quedado un rencor corrosivo hacia los hombres que se parece mucho a un deseo furioso reprimido: «Es preferible no ver a un hombre nunca. Desde niña les tuve miedo». A ese temor la empuja el apasionamiento, el hambre de placer que hierve dentro de ella, el ser «enamoradiza», como Poncia le dice a Bernarda. Entre ella y Adela se entablará pronto una rivalidad arisca por arrebatarle a Angustias el único hombre al que pueden tener acceso todas. Amelia está borrada por su madre, a la que teme más que ninguna, a la que obedece sin protestar. Es la que menos se interesa por Pepe el Romano, la que más calla, humillada y negada.

Sin embargo, Adela, desde su primera aparición en escena, se rebela contra el enclaustramiento. Lorca la presenta cuidadosamente: al pedirle su madre un abanico, «le da un abanico redondo con flores rojas y verdes», que Bernarda arroja al suelo exclamando: «¿Es este el abanico que se da a una viuda? Dame uno negro y aprende a respetar el luto de tu padre». Poco después, cuando la escena queda tranquila y las hermanas advierten su ausencia, Magdalena dice haberla visto en el patio con un vestido verde exhibiéndose ante las gallinas. «¡Pobrecilla! Es la más joven de nosotras y tiene ilusión. ¡Daría algo por verla feliz!» ¿Realmente alguien siente afecto hacia alguien en aquella casa? Cuesta creerlo.

Junto a todas ellas, la Poncia, la criada ubicua y casi plenipotenciaria, adivina los pensamientos de todas y conoce mejor que nadie a su señora, de la que no tiene nada bueno que decir, a la que detesta. Poncia es —como la Criada de *Bodas de sangre*— el personaje de transición entre unos y otros focos de inquietud, entre la madre y las hijas, entre el exterior y el interior de la casa, entre el delirio juvenil y la cerrazón adulta.

Pero tampoco resulta amable —carácter que sí tenía la Criada—: son muy suyas las convicciones que defiende Bernarda y que se enseñorean de las voluntades en el pueblo; solo su nivel económico y su dependencia del ama la retienen, pero cuando Bernarda la martiriza recordándole sus bajos orígenes, ella contraataca hurgando en la llaga de las hijas que la madre no quiere ver, y no lo hace para ayudar a nadie, sino para que nadie se considere libre de culpa.

Al final del primer acto, Lorca rompe levemente el prosaísmo cristalino de la trama y saca a escena a la madre de Bernarda, la loca María Josefa, que se ha escapado de su encierro para poner una nota de lirismo gris en la oscuridad realista del conjunto: «Me escapé porque me quiero casar, porque quiero casarme con un varón hermoso de la orilla del mar, porque aquí los hombres huyen de las mujeres». No le falta razón: los hombres de este drama son *todos* instrumentos fieles de la opresión que padecen las mujeres, a las que desean «huyendo de ellas», es decir, despreciándolas en el fondo. Ni siquiera Pepe el Romano se aparta de ese tipo masculino algo infantil —irresponsable, consentido por las mujeres— y deseado como único asidero en el naufragio íntimo de la cotidianidad femenina.

En el segundo acto, Adela está al margen, dormida, extraña, y entre las hermanas se aprecia un movimiento interno y violento producido por la cercanía de Pepe el Romano, que va cada noche a visitar a Angustias. Poncia sabe algo y no lo exterioriza, aunque hace alusiones (Pepe el Romano no abandona la casa a la una de la madrugada, como cree Angustias, sino hacia las cuatro), y Martirio parece saber incluso más que Poncia, pero todas callan. Apenas se quedan solas en escena Poncia y Adela, el secreto se manifiesta: Adela ha atraído a Pepe, que se ve con ella a escondidas. Poncia, asustada, llega a aconsejarle que aguarde a que Ansutias muera —«Esa no resiste el primer parto»—, pero Adela parece haber dado ya pasos decisivos: «Nadie podrá evitar que suceda lo que tiene que suceder». Hay después un interludio en el que se oyen fuera las voces de los segadores, voces de hombre que hacen soñar a las mujeres encerradas, hombres a los que «se les perdona todo», según Adela. «Nacer mujer —dice Amelia— es el mayor castigo.»

Dos incidentes remueven entonces la acción: el retrato de Pepe que Angustias guardaba bajo su almohada ha desaparecido, y aunque Poncia encuentra el icono y Bernarda cree haber dominado la situación, para todas se ha desencadenado el drama: Angustias sospecha ya que Pepe no la visita solo a ella, Adela descubre que Martirio también está enamorada de su amante, Poncia reprocha a Bernarda que hubiera sido ella la causante de que el novio de Martirio la abandonara («Su padre fue un gañán», es la razón suprema), la madre tiene la certeza de que sus hijas se pelean por un mismo hombre y, como un presagio maléfico, de la calle les llega «un grito de mujer y un gran rumor»: van a linchar a una mujer que ha parido a escondidas y ha matado al recién nacido. Martirio, mirando a Adela, apoya la ferocidad del castigo que ella ya desea para su hermana: «¡Que pague lo que debe!».

Como anticlímax de ese final, el tercer acto comienza con una escena lenta en la que Bernarda, mientras cena con sus hijas, atiende a una visita. El diálogo entre las hermanas es cortante y arisco, y cuando ya se han retirado, Bernarda asegura a Poncia: «En esta casa no hay ni un sí ni un no. Mi vigilancia lo puede todo». Poncia no insiste ante su ama, pero a solas con otra criada se desahoga: «¿Tú ves este silencio? Pues hay una tormenta en cada cuarto», «A mí me gustaría cruzar el mar y dejar esta casa de guerra». Lo irremediable está ya en camino:

PONCIA.—Adela está dispuesta a lo que sea, y las demás
vigilan sin descanso. (...)
CRIADA.—Es que son malas.
PONCIA.—Son mujeres sin hombre, nada más.

Antes de la escena final, Lorca recurre de nuevo a la locura
de María Josefa para preparar el desenlace. Las palabras visio-
narias forman un contrapunto crítico y tierno al curso abrupto
del drama: «Yo quiero casas, pero casas abiertas, y las vecinas
acostadas en sus camas con sus niños chiquitos, y los hombres
fuera, sentados en sus sillas». La locura imagina una vida feliz
que es imposible en la casa de Bernarda Alba.

Martirio apenas necesita acusar a Adela ante su madre: la
hija menor tiene a su amante allí, al otro lado de la pared (solo
le oímos silbar reclamando compañía), y Bernarda no duda en
disparar contra él. Es Martirio quien asegura: «Se acabó Pepe
el Romano», exagerando deliberadamente, y quien empuja así
a Adela hacia el suicidio. Pero ¿qué otra salida habría quedado
para Adela, incluso sabiendo que su amante había logrado
huir?

El conflicto está planteado de tal manera que quien elige la
libertad radical del amor no tiene escapatoria: de nuevo el precio de la pasión erótica es la muerte. Hay un momento, antes
del desenlace, en que Adela, triunfadora puesto que tiene el
amor de Pepe, se enternece ante el patetismo de Martirio, enamorada sin esperanza. Pero al acercarse Adela a su hermana,
esta la rechaza bruscamente:

> MARTIRIO.—¡No me abraces! No quieras ablandar mis
> ojos. Mi sangre ya no es la tuya, y aunque quisiera verte como
> hermana no te miro ya más que como mujer. (*La rechaza.*)
> ADELA.—Aquí no hay ningún remedio.

No; en aquella casa no hay cabida para los buenos sentimientos. La dictadura de la madre ha envenenado la convivencia para siempre. La obra se cierra, como se abrió, con un luto: «¡Nos hundiremos todas en un mar de luto!», «ella, la hija menor de Bernarda Alba, ha muerto virgen». La dictadora es incapaz de aceptar que la realidad, a su alrededor, siga un curso distinto del que ella le ha marcado. Es necesario seguir fingiendo que allí no ocurre nada anormal, que nada ha perturbado, ni con su cara risueña —el hijo que probablemente esperaba Adela— ni con su cara oscura —el suicidio—, el orden impuesto por la autoridad indiscutible.

Una obra que a simple vista podría calificarse de «drama rural» se aparta claramente del costumbrismo patético para erigirse en aguda crítica social. No hay en ella declaraciones de tipo ideológico, pero para saber contra quiénes se rebela el autor es suficiente oír a Bernarda pensar en voz alta: «Los pobres son como los animales. Parece como si estuvieran hechos de otras sustancias», o «Una hija que desobedece deja de ser hija para convertirse en enemiga».

El último drama de Lorca supone un gran paso adelante en la configuración de su obra, muy consecuentemente con la misión que, según él aseguraba, tenía encomendada el arte escénico: un cometido moral. Conociendo su trayectoria (y los proyectos que dejó inacabados), no debemos asegurar que su teatro fuera a ser ya siempre y solo así, pero sin duda *también* habría sido así. No deja de ser sintomático que su asesinato fuera perpetrado por quienes defendían, ya no en la escena sino en la más irremediable realidad, las ideas agresivas de Bernarda Alba.

Lorca y su época

AÑO	VIDA Y OBRA LÍRICA	OBRA TEATRAL
1898	Nace Federico García Lorca en Fuente Vaqueros, pueblo de la Vega de Granada. Es el mayor de cuatro hermanos.	
1900		
1902	Su madre, maestra en excedencia, es su primera profesora.	
1906		
1907	La familia se traslada a Valderrubios (entonces Asquerosa).	
1908	Ingresa en el Instituto de Segunda Enseñanza de Almería, donde solo permanecerá unos meses. Comienza sus estudios de música.	
1909	Vuelve a Granada. Cursa el bachillerato a la vez que estudia música.	
1910	Se abre en Madrid la Residencia de Estudiantes.	
1912		
1913		

PANORAMA CULTURAL	ACONTECIMIENTOS HISTÓRICOS
Nacen Vicente Aleixandre y Dámaso Alonso.	España pierde sus últimas colonias —Cuba, Puerto Rico y Filipinas— tras una guerra con Estados Unidos.
Primeros libros de Juan Ramón Jiménez: *Ninfeas* y *Almas de violeta*.	
	Sube al trono Alfonso XIII.
Santiago Ramón y Cajal, Premio Nobel de Medicina.	
Antonio Machado publica *Soledades, galerías y otros poemas*. Picasso pinta *Las señoritas de Aviñón*.	
Ramón del Valle-Inclán publica *Romance de lobos*. Ramón Menéndez Pidal inicia la publicación de su edición del *Cantar del Cid*. Benavente: *Señora ama*.	
	Semana Trágica de Barcelona.
Antonio Machado publica *Campos de Castilla*. Manuel Machado publica *Cante jondo*.	
Aparece *Del sentimiento trágico de la vida*, de Miguel de Unamuno.	

AÑO	VIDA Y OBRA LÍRICA	OBRA TEATRAL
1914		
1915	Ingresa en la Universidad de Granada, matriculado en Derecho y en Filosofía y Letras.	
1916	Viajes de estudios por España. Conoce en Baeza a Antonio Machado.	
1917	Abandona el estudio de la música y empieza a escribir poesía. Conoce a Manuel de Falla.	
1918	Publica su primer libro, *Impresiones y paisajes*, descripciones líricas en prosa.	
1919	Se instala en la Residencia de Estudiantes, donde vivirá hasta 1929, con largas estancias en Granada.	Escribe *El maleficio de la mariposa*.
1920		Estreno en Madrid de *El maleficio de la mariposa*.

PANORAMA CULTURAL	ACONTECIMIENTOS HISTÓRICOS
Se publica *Platero y yo*, de Juan Ramón Jiménez. Aparece *Niebla*, de Miguel de Unamuno.	Estalla la Primera Guerra Mundial.
Muere Rubén Darío.	
Juan Ramón Jiménez edita *Diario de un poeta reciencasado*. Se publica el primer tomo de *Greguerías*, de Ramón Gómez de la Serna. Francisco Villaespesa publica sus *Poesías escogidas*.	Revolución en Rusia.
J. R. Jiménez: *Eternidades*.	Termina la Primera Guerra Mundial con la victoria de los aliados (Francia, Gran Bretaña y Estados Unidos) sobre Alemania.
Muere Benito Pérez Galdós. León Felipe: *Versos y oraciones del caminante*. Ramón del Valle-Inclán: *Divinas palabras*, *Luces de Bohemia* y *Farsa y licencia de la Reina castiza*. Gerardo Diego: *Romancero de la novia* (su primer libro).	

AÑO	VIDA Y OBRA LÍRICA	OBRA TEATRAL
1921	Publica *Libro de poemas*. En noviembre escribe *Poema del cante jondo*. Trabaja en *Suites* y *Canciones*.	Trabaja en *Lola la comedianta* (varias versiones hasta 1923).
1922	Organiza, con Manuel de Falla, la «Fiesta del cante jondo», que se celebra en Granada.	Escribe *Los títeres de Cachiporra. Tragicomedia de don Cristóbal y la señá Rosita.*
1923	Licenciatura en Derecho. Conoce a Dalí en la Residencia.	Representación privada de *La niña que riega la albahaca y el príncipe preguntón* (marionetas).
1924	Escribe parte del *Romancero gitano.*	Trabaja en *Mariana Pineda* (versión definitiva en 1925) y primer borrador de *Doña Rosita la soltera.*
1925	Estancia en Cadaqués, con Dalí y su familia.	Escribe *Diálogos* (*La doncella, el marinero y el estudiante; El paseo de Buster Keaton; Quimera; Diálogo mudo de los cartujos,* y *Diálogo de los dos caracoles*).
1926	Da varias conferencias y recitales. Publica *Oda a Salvador Dalí.*	Escribe *La zapatera prodigiosa.*
1927	Publica *Canciones*. Expone dibujos en una galería de arte de Barcelona.	Estreno de *Mariana Pineda* en Madrid y Barcelona (aquí, con decorados de Dalí).

PANORAMA CULTURAL	ACONTECIMIENTOS HISTÓRICOS
Muere Emilia Pardo Bazán. Dámaso Alonso: *Poemas puros. Poemillas de la ciudad*. Gabriel Miró: *Nuestro Padre San Daniel*. Pirandello: *Seis personajes en busca de autor*.	
Juan Ramón Jiménez: *Segunda antología poética*. Gerardo Diego: *Imagen*. Jacinto Benavente, Premio Nobel de Literatura. Eliot: *La tierra baldía*. Joyce: *Ulises*.	El fascismo toma el poder en Italia.
José Ortega y Gasset funda la *Revista de Occidente*.	Alfonso XIII acepta la Dictadura del general Miguel Primo de Rivera.
Pedro Salinas: *Presagio* (su primer libro). Gerardo Diego: *Manual de espumas*. André Breton publica en Francia el primer manifiesto surrealista. A. Machado: *Nuevas canciones*. P. Neruda: *Veinte poemas de amor*.	
Rafael Alberti publica su primer libro: *Marinero en tierra*. J. Ortega y Gasset: *La deshumanización del arte*.	
Manuel Altolaguirre: *Las islas invitadas* (su primer libro). Ramón Menéndez Pidal: *Orígenes del español*.	
Celebración del centenario de Góngora en Sevilla. Rafael Alberti: *Cal y canto*. Luis Cernuda publica su primer libro, *Perfil del aire*.	

AÑO	VIDA Y OBRA LÍRICA	OBRA TEATRAL
1928	Publica *Romancero gitano*.	Escribe *Amor de don Perlimplín con Belisa en su jardín*. Publica en la revista *El gallo* dos diálogos: *El paseo de Buster Keaton* y *La doncella, el marinero y el estudiante*.
1929	En junio sale hacia Nueva York. Allí escribe *Poeta en Nueva York* (con *Tierra y luna*) y algunos sonetos.	La censura prohíbe el estreno de *Amor de don Perlimplín con Belisa en su jardín*. Escribe *Viaje a la Luna*.
1930	En marzo se traslada a Cuba, donde permanecerá hasta el verano.	Trabaja en *El público*. Estreno de *La zapatera prodigiosa* en Madrid.
1931	Publica *Poema del cante jondo*. Escribe los primeros poemas de *Diván del Tamarit*.	Escribe *Así que pasen cinco años* y *Retablillo de don Cristóbal y doña Rosita*. Trabaja en *El público*.
1932	Se funda «La Barraca», compañía oficial de teatro dirigida por F. G. L. Primeras representaciones en pueblos. Estancia en Galicia.	Escribe *Bodas de sangre*.
1933	En octubre sale para Argentina y Uruguay, donde permanecerá hasta marzo de 1934.	Estreno de *Bodas de sangre* en Madrid, Barcelona y Buenos Aires. Estreno de *Amor de don Perlimplín con Belisa en su jardín* en el club privado Anfistora de Madrid. Publica en la revista *Los cuatro vientos* dos actos de *El público*. Trabaja en *Yerma* (versión definitiva en 1934).

PANORAMA CULTURAL	ACONTECIMIENTOS HISTÓRICOS
Luis Buñuel y S. Dalí ruedan en Francia *El perro andaluz*. Vicente Aleixandre publica su primer libro: *Ámbito*. Primer libro de Jorge Guillén: *Cántico*.	
S. Dalí expone por primera vez sus cuadros en París. Rafael Alberti: *Sobre los ángeles*. J. Ortega y Gasset: *La rebelión de las masas*. José Moreno Villa: *Jacinta la pelirroja*.	Hundimiento de la Bolsa de Nueva York. Intentos de derrocar la Dictadura de Primo de Rivera.
Luis Buñuel filma *La edad de oro*. Emilio García Gómez edita *Poemas arabigoandaluces*.	El partido nazi gana las elecciones en Alemania. Dimite el general Primo de Rivera.
Pedro Salinas: *Fábula y signo*. Unamuno: *La agonía del cristianismo y San Manuel Bueno, mártir*.	Abril: las elecciones municipales dan el triunfo a la República. Alfonso XIII abandona España.
Gerardo Diego: *Fábula de Equis y Zeda*. Vicente Aleixandre: *Espadas como labios*. M. Mihura: *Tres sombreros de copa*.	Aprobación del Estatuto de Cataluña.
Pedro Salinas: *La voz a ti debida*.	Elecciones generales en España: gana la derecha.

AÑO	VIDA Y OBRA LÍRICA	OBRA TEATRAL
1934	Prepara *Diván del Tamarit* para su edición.	Estrena *Retablillo de don Cristóbal y doña Rosita* en Buenos Aires (marzo) y Madrid (octubre). Estreno de *Yerma* en Madrid.
1935	Publica *Llanto por I. Sánchez Mejías*. Trabaja en *Sonetos*.	Estreno de *Doña Rosita la soltera* en Barcelona, donde también se representa. *Yerma*. Se repone *Bodas de sangre* en Madrid y se estrena su versión inglesa —*Bitter Oleander*— en Nueva York. Se repone en Madrid *Retablillo de don Cristóbal y doña Rosita*. Trabaja en *Comedia sin título*.
1936	Publica *Primeras canciones*. En julio, viaja a Granada. Tras recibir amenazas, se refugia en casa de la familia Rosales, falangistas conocidos. Aun así, es detenido el 16 de agosto y asesinado el 18 ó 19 en Víznar, cerca de Granada.	Escribe *La casa de Bernarda Alba*. Trabaja en *Los sueños de mi prima Aurelia* y en *Comedia sin título*. Se publica *Bodas de sangre* en la editorial Cruz y Raya. ¿Versión definitiva de *El público*?

PANORAMA CULTURAL	ACONTECIMIENTOS HISTÓRICOS
Agosto: Muere Ignacio Sánchez Mejías. Enrique Jardiel Poncela: *Angelina o el honor de un brigadier.* Alejandro Casona: *La sirena varada.*	Octubre: La revolución de los mineros asturianos es duramente reprimida.
Vicente Aleixandre: *La destrucción o el amor.* Primer libro de Luis Rosales: *Abril.* Ramón J. Sender: *Mr. Witt en el Cantón.*	
Antonio Machado: *Juan de Mairena.* Luis Cernuda: *La realidad y el deseo.* Miguel Hernández: *El rayo que no cesa.* Mueren Ramón del Valle-Inclán y Miguel de Unamuno.	Febrero: gana las elecciones generales el Frente Popular (coalición de izquierdas). 17 de julio: un sector del ejército, con el general Franco al frente, se subleva contra la República y comienza la guerra civil.

La presente edición

E ntre los textos teatrales de Federico García Lorca, solo *Bodas de sangre* fue publicado antes de ser asesinado el autor, pero sin el beneplácito de este y sin su supervisión. Para la fijación de los textos que aquí ofrecemos se ha partido de la primera recopilación de obras —lógicamente, muy incompletas todavía— que publicó la Editorial Losada, de Buenos Aires, a cargo de Guillermo de Torre, entre 1938 y 1945, y se han consultado: la edición de Arturo del Hoyo, para la Editorial Aguilar (1986), en tres volúmenes, que actualizó la que se venía reeditando en la misma editorial desde 1954; la preparada por Mario Hernández para Alianza Editorial, publicada en volúmenes sueltos desde 1981; la que, a cargo de Miguel García Posada, ha editado Galaxia Gutenberg en colaboración con El Círculo de Lectores, a partir de 1996, en cuatro volúmenes, y las ediciones particulares de las dos obras que han preparado conjuntamente Allen Josephs y Juan Caballero para la editorial Cátedra (Letras Hispánicas, 1997).

Bibliografía

EDWARDS, Gwynne: *El teatro de Federico García Lorca*, Ed. Gredos, Madrid, 1983.

GARCÍA LORCA, Francisco: *Federico y su mundo*, Alianza Editorial, Madrid, 1980.

GIBSON, Ian: *Vida, pasión y muerte de Federico García Lorca*, Ed. Plaza y Janés, Barcelona, 1998.

GIL, Ildefonso Manuel (ed.): *Federico García Lorca*. Ed. Taurus, «El escritor y la crítica», Ed. Taurus, Madrid, 1975.

LAFFRANQUE, Marie: *Federico García Lorca*, Ed. Seguer, París, 1966.

LIMA, Robert: *The theatre of García Lorca*, Las Américas Publishing Company, Nueva York, 1963.

MORRIS, C. Briam: *García Lorca. Bodas de sangre,* Ed. Grant and Cutler, Londres, 1996.

——, *García Lorca. La casa de Bernarda Alba*, Ed. Grant and Cutler, Londres, 1990.

[67]

Bodas de sangre

Tragedia en tres actos
y siete cuadros
(1933)

PERSONAJES

La Madre.
La Novia.
La Suegra.
La Mujer de Leonardo.
La Criada.
La Vecina.
Muchachas.

Leonardo.
El Novio.
El Padre de la Novia.
La Luna.
La Muerte (*como mendiga*).
Leñadores.
Mozos.

ACTO PRIMERO

CUADRO PRIMERO

Habitación pintada de amarillo.

NOVIO.— *(Entrando.)* Madre.

MADRE.—¿Qué?

NOVIO.—Me voy

MADRE.—¿Adónde?

NOVIO.—A la viña. *(Va a salir.)*

MADRE.—Espera.

NOVIO.—¿Quiere algo?

MADRE.—Hijo, el almuerzo.

NOVIO.—Déjelo. Comeré uvas. Deme la navaja.

MADRE.—¿Para qué?

NOVIO.—*(Riendo.)* Para cortarlas.

MADRE.—*(Entre dientes y buscándola.)* La navaja, la navaja... Malditas sean todas y el bribón que las inventó.

NOVIO.—Vamos a otro asunto.

[73]

MADRE.—Y las escopetas y las pistolas y el cuchillo más pequeño, y hasta las azadas y los bieldos [1] de la era.

NOVIO.—Bueno.

MADRE.—Todo lo que puede cortar el cuerpo de un hombre. Un hombre hermoso, con su flor en la boca, que sale a las viñas o va a sus olivos propios, porque son de él, heredados...

NOVIO.—*(Bajando la cabeza.)* Calle usted.

MADRE.—... y ese hombre no vuelve. O si vuelve es para ponerle una palma encima o un plato de sal gorda para que no se hinche. No sé cómo te atreves a llevar una navaja en tu cuerpo, ni cómo yo dejo a la serpiente dentro del arcón.

NOVIO.—¿Está bueno ya?

MADRE.—Cien años que yo viviera, no hablaría de otra cosa. Primero tu padre; que me olía a clavel y lo disfruté tres años escasos. Luego tu hermano. ¿Y es justo y puede ser que una cosa pequeña como una pistola o una navaja pueda acabar con un hombre, que es un toro? No callaría nunca. Pasan los meses y la desesperación me pica en los ojos y hasta en las puntas del pelo.

Novio.—*(Fuerte.)* ¿Vamos a acabar?

MADRE.—No. No vamos a acabar. ¿Me puede alguien traer a tu padre? ¿Y a tu hermano? Y luego el presidio. ¿Qué es el presidio? ¡Allí comen, allí fuman, allí tocan los instrumentos! Mis muertos llenos de hierba, sin hablar, hechos polvo; dos hombres que eran dos geranios... Los matadores, en presidio, frescos, viendo los montes...

NOVIO.—¿Es que quiere usted que los mate?

MADRE.—No... Si hablo es porque... ¿Cómo no voy a hablar viéndote salir por esa puerta? Es que no me gusta que lleves navaja. Es que... que no quisiera que salieras al campo.

---

[1] *Bieldo:* Instrumento formado por un palo largo terminado en cuatro puntas o dientes en forma de rejilla que se utiliza en trabajos agrícolas.

NOVIO.—(*Riendo.*) ¡Vamos!

MADRE.—Que me gustaría que fueras una mujer. No te irías al arroyo ahora y bordaríamos las dos cenefas y perritos de lana.

NOVIO.—(*Coge de un brazo a la* Madre *y ríe.*) Madre, ¿y si yo la llevara conmigo a las viñas?

MADRE.—¿Qué hace en las viñas una vieja? ¿Me ibas a meter debajo de los pámpanos?

NOVIO.—(*Levantándola en sus brazos.*) Vieja, revieja, requetevieja.

MADRE.—Tu padre sí que me llevaba. Eso es buena casta. Sangre. Tu abuelo dejó un hijo en cada esquina. Eso me gusta. Los hombres, hombres; el trigo, trigo.

NOVIO.—¿Y yo, madre?

MADRE.—¿Tú, qué?

NOVIO.—¿Necesito decírselo otra vez?

MADRE.—(*Seria.*) ¡Ah!

NOVIO.—¿Es que le parece mal?

MADRE.—No.

NOVIO.—¿Entonces?...

MADRE.—No lo sé yo misma. Así, de pronto, siempre me sorprende. Yo sé que la muchacha es buena. ¿Verdad que sí? Modosa. Trabajadora. Amasa su pan y cose sus faldas, y siento sin embargo, cuando la nombro, como si me dieran una pedrada en la frente.

NOVIO.—Tonterías.

MADRE.—Más que tonterías. Es que me quedo sola. Ya no me quedas más que tú y siento que te vayas.

NOVIO.—Pero usted vendrá con nosotros.

MADRE.—No. Yo no puedo dejar aquí solos a tu padre y a tu hermano. Tengo que ir todas las mañanas, y si me voy es fácil que muera uno de los Félix, uno de la familia de los matadores, y lo entierren al lado. ¡Y eso sí que no! ¡Ca! [2] ¡Eso sí que no! Porque con las uñas los desentierro y yo sola los machaco contra la tapia.

NOVIO.—(*Fuerte.*) Vuelta otra vez.

MADRE.—Perdóname. (*Pausa.*) ¿Cuánto tiempo llevas en relaciones?

NOVIO.—Tres años. Ya pude comprar la viña.

MADRE.—Tres años. ¿Ella tuvo un novio, no?

NOVIO.—No sé. Creo que no. Las muchachas tienen que mirar con quién se casan.

MADRE.—Sí. Yo no miré a nadie. Miré a tu padre, y cuando lo mataron miré a la pared de enfrente. Una mujer con un hombre, y ya está.

NOVIO.—Usted sabe que mi novia es buena.

MADRE.—No lo dudo. De todos modos siento no saber cómo fue su madre.

NOVIO.—¿Qué más da?

MADRE.—(*Mirándolo.*) Hijo.

NOVIO.—¿Qué quiere usted?

MADRE.—¡Que es verdad! ¡Que tienes razón! ¿Cuándo quieres que la pida?

NOVIO.—(*Alegre.*) ¿Le parece bien el domingo?

MADRE.—(*Seria.*) Le llevaré los pendientes de azófar [3], que son antiguos, y tú le compras...

NOVIO.—Usted entiende más...

MADRE.—Le compras unas medias caladas, y para ti dos trajes... ¡Tres! ¡No te tengo más que a ti!

NOVIO.—Me voy. Mañana iré a verla.

---

[2] *¡Ca!:* Expresión negativa: ¡Qué va!, ¡Quiá!

[3] *Azófar:* Latón, aleación de cobre y cinc, de color amarillento.

MADRE.—Sí, sí, y a ver si me alegras con seis nietos, o los que te dé la gana, ya que tu padre no tuvo lugar de hacérmelos a mí.

NOVIO.—El primero para usted.

MADRE.—Sí, pero que haya niñas. Que yo quiero bordar y hacer encaje y estar tranquila.

NOVIO.—Estoy seguro que usted querrá a mi novia.

MADRE.—La querré. *(Se dirige a besarlo y reacciona.)* Anda, ya estás muy grande para besos. Se los das a tu mujer. *(Pausa. Aparte.)* Cuando lo sea.

NOVIO.—Me voy.

MADRE.—Que caves bien la parte del molinillo, que la tienes descuidada.

NOVIO.—¡Lo dicho!

MADRE.—Anda con Dios. *(Vase el Novio. La Madre queda sentada de espaldas a la puerta. Aparece en la puerta una Vecina vestida de color oscuro, con pañuelo a la cabeza.)* Pasa.

VECINA.—¿Cómo estás?

MADRE.—Ya ves.

VECINA.—Yo bajé a la tienda y vine a verte. ¡Vivimos tan lejos!

MADRE.—Hace veinte años que no he subido a lo alto de la calle.

VECINA.—Tú estás bien.

MADRE.—¿Lo crees?

VECINA.—Las cosas pasan. Hace dos días trajeron al hijo de mi vecina con los dos brazos cortados por la máquina. *(Se sienta.)*

MADRE.—¿A Rafael?

VECINA.—Sí. Y allí lo tienes. Muchas veces pienso que tu hijo y el mío están mejor donde están, dormidos, descansando, que no expuestos a quedarse inútiles.

MADRE.—Calla. Todo eso son invenciones, pero no consuelos.

VECINA.—¡Ay!

MADRE.—¡Ay! *(Pausa.)*

VECINA.—*(Triste.)* ¿Y tu hijo?

MADRE.—Salió.

VECINA.—¡Al fin compró la viña!

MADRE.—Tuvo suerte.

VECINA.—Ahora se casará.

MADRE.—*(Como despertando y acercando su silla a la silla de la Vecina.)* Oye.

VECINA.—*(En plan confidencial.)* Dime.

MADRE.—¿Tú conoces a la novia de mi hijo?

VECINA.—¡Buena muchacha!

MADRE.—Sí, pero...

VECINA.—Pero quien la conozca a fondo no hay nadie. Vive sola con su padre allí, tan lejos, a diez leguas de la casa más cerca. Pero es buena. Acostumbrada a la soledad.

MADRE.—¿Y su madre?

VECINA.—A su madre la conocí. Hermosa. Le relucía la cara como a un santo; pero a mí no me gustó nunca. No quería a su marido.

MADRE.—*(Fuerte.)* Pero ¡cuántas cosas sabéis las gentes!

VECINA.—Perdona. No quise ofender; pero es verdad. Ahora, si fue decente o no, nadie lo dijo. De esto no se ha hablado. Ella era orgullosa.

MADRE.—¡Siempre igual!

VECINA.—Tú me preguntaste.

MADRE.—Es que quisiera que ni a la viva ni a la muerta las conociera nadie. Que fueran como dos cardos, que ninguna persona les nombra y pinchan si llega el momento.

VECINA.—Tienes razón. Tu hijo vale mucho.

MADRE.—Vale. Por eso lo cuido. A mí me habían dicho que la muchacha tuvo novio hace tiempo.

VECINA.—Tendría ella quince años. Él se casó ya hace dos años, con una prima de ella, por cierto. Nadie se acuerda del noviazgo.

MADRE.—¿Cómo te acuerdas tú?

VECINA.—¡Me haces unas preguntas!

MADRE.—A cada uno le gusta enterarse de lo que le duele. ¿Quién fue el novio?

VECINA.—Leonardo.

MADRE.—¿Qué Leonardo?

VECINA.—Leonardo el de los Félix.

MADRE.—*(Levantándose.)* ¡De los Félix!

VECINA.—Mujer, ¿qué culpa tiene Leonardo de nada? Él tenía ocho años cuando las cuestiones.

MADRE.—Es verdad... Pero oigo eso de Félix y es lo mismo *(entre dientes)* Félix que llenárseme de cieno la boca *(escupe)* y tengo que escupir, tengo que escupir por no matar.

VECINA.—Repórtate; ¿qué sacas con eso?

MADRE.—Nada. Pero tú lo comprendes.

VECINA.—No te opongas a la felicidad de tu hijo. No le digas nada. Tú estás vieja. Yo también. A ti y a mí nos toca callar.

MADRE.—No le diré nada.

VECINA.—*(Besándola.)* Nada.

MADRE.—*(Serena.)* ¡Las cosas!...

VECINA.—Me voy, que pronto llegará mi gente del campo.

MADRE.—¿Has visto qué día de calor?

VECINA.—Iban negros los chiquillos que llevan el agua a los segadores. Adiós, mujer.

MADRE.—Adiós.

(La Madre se dirige a la puerta de la izquierda. En medio del camino se detiene y lentamente se santigua.)

TELÓN

CUADRO SEGUNDO

*Habitación pintada de rosa con cobres y ramos de flores populares.
En el centro, una mesa con mantel. Es la mañana.*

(Suegra de Leonardo con un niño en brazos. Lo mece. La Mujer, en la otra esquina, hace punto de media.)

SUEGRA.—Nana, niño, nana
del caballo grande
que no quiso el agua.
El agua era negra
dentro de las ramas.
Cuando llega al puente
se detiene y canta.
¿Quién dirá, mi niño,
lo que tiene el agua,
con su larga cola
por su verde sala?
MUJER.—*(Bajo.)* Duérmete, clavel,
que el caballo no quiere beber.
SUEGRA.—Duérmete, rosal,
que el caballo se pone a llorar.

[80]

Las patas heridas,
las crines heladas,
dentro de los ojos
un puñal de plata.
Bajaban al río.
¡Ay, cómo bajaban!
La sangre corría
más fuerte que el agua.

MUJER.— Duérmete, clavel,
que el caballo no quiere beber.

SUEGRA.—Duérmete, rosal,
que el caballo se pone a llorar.

MUJER.— No quiso tocar
la orilla mojada
su belfo [4] caliente
con moscas de plata.
A los montes duros
solo relinchaba
con el río muerto
sobre la garganta.
¡Ay caballo grande
que no quiso el agua!
¡Ay dolor de nieve,
caballo del alba!

SUEGRA.—¡No vengas! Detente,
cierra la ventana
con ramas de sueños
y sueño de ramas.

MUJER.— Mi niño se duerme.

SUEGRA.—Mi niño se calla.

---

[4] *Belfo:* Labio del caballo.

MUJER.— Caballo, mi niño
tiene una almohada.
SUEGRA.—Su cuna de acero.
MUJER.— Su colcha de holanda⁵.
SUEGRA.—Nana, niño, nana.
MUJER.— ¡Ay caballo grande
que no quiso el agua!
SUEGRA.—¡No vengas, no entres!
Vete a la montaña.
Por los valles grises
donde está la jaca.
MUJER.— *(Mirando.)* Mi niño se duerme.
SUEGRA.—Mi niño descansa.
MUJER.— *(Bajito.)* Duérmete, clavel,
que el caballo no quiere beber.
SUEGRA.—*(Levantándose y muy bajito.)* Duérmete, rosal,
que el caballo se pone a llorar.
(Entran al niño⁶. Entra Leonardo.)
LEONARDO.—¿Y el niño?
MUJER.—Se durmió.
LEONARDO.—Ayer no estuvo bien. Lloró por la noche.
MUJER.—*(Alegre.)* Hoy está como una dalia. ¿Y tú? ¿Fuiste
a casa del herrador?
LEONARDO.—De allí vengo. ¿Querrás creer? Llevo más de
dos meses poniendo herraduras nuevas al caballo y siempre se
le caen. Por lo visto se las arranca con las piedras.

⁵ *Holanda:* Lienzo fino muy preciado que procede de Holanda. En *Romancero gitano,* «Romance sonámbulo»: «Compadre, quiero morir / decentemente en mi cama, / de acero si puede ser / con las sábanas de holanda».
⁶ *Entran al niño:* Debe entenderse *sale con el niño,* ya que la Mujer sigue presente, hablando con Leonardo, que sale a escena, y la Suegra vuelve con ellos después.

MUJER.—¿Y no será que lo usas mucho?
LEONARDO.—No. Casi no lo utilizo.
MUJER.—Ayer me dijeron las vecinas que te habían visto al límite de los llanos.
LEONARDO.—¿Quién lo dijo?
MUJER.—Las mujeres que cogen las alcaparras[7]. Por cierto que me sorprendió. ¿Eras tú?
LEONARDO.—No. ¿Qué iba a hacer yo allí, en aquel secano?
MUJER.—Eso dije. Pero el caballo estaba reventando de sudar.
LEONARDO.—¿Lo viste tú?
MUJER.—No. Mi madre.
LEONARDO.—¿Está con el niño?
MUJER.—Sí. ¿Quieres un refresco de limón?
LEONARDO.—Con el agua bien fría.
MUJER.—¿Cómo no viniste a comer?...
LEONARDO.—Estuve con los medidores del trigo. Siempre entretienen.
MUJER.—(Haciendo el refresco y muy tierna.) ¿Y lo pagan a buen precio?
LEONARDO.—El justo.
MUJER.—Me hace falta un vestido y al niño una gorra con lazos.
LEONARDO.—(Levantándose.) Voy a verlo.
MUJER.—Ten cuidado, que está dormido.
SUEGRA.—(Saliendo.) Pero ¿quién da esas carreras al caballo? Está abajo, tendido, con los ojos desorbitados como si llegara del fin del mundo.
LEONARDO.—(Agrio.) Yo.

---

[7] *Alcaparras:* Planta cuyas inflorescencias se usan como condimento o se comen maceradas en vinagre. También llamada *tápena.*

SUEGRA.—Perdona; tuyo es.

MUJER.—(*Tímida.*) Estuvo con los medidores del trigo.

SUEGRA.—Por mí, que reviente. (*Se sienta. Pausa.*)

MUJER.—El refresco. ¿Está frío?

LEONARDO.—Sí.

MUJER.—¿Sabes que piden a mi prima?

LEONARDO.—¿Cuándo?

MUJER.—Mañana. La boda será dentro de un mes. Espero que vendrán a invitarnos.

LEONARDO.—(*Serio.*) No sé.

SUEGRA.—La madre de él creo que no estaba muy satisfecha con el casamiento.

LEONARDO.—Y quizá tenga razón. Ella es de cuidado.

MUJER.—No me gusta que penséis mal de una buena muchacha.

SUEGRA.—Pero cuando dice eso es porque la conoce. ¿No ves que fue tres años novia suya? (*Con intención.*)

LEONARDO.—Pero la dejé. (*A su mujer.*) ¿Vas a llorar ahora? ¡Quita! (*Le aparta bruscamente las manos de la cara.*) Vamos a ver al niño.

(*Entran abrazados. Aparece la* Muchacha, *alegre. Entra corriendo.*)

MUCHACHA.—Señora.

SUEGRA.—¿Qué pasa?

MUCHACHA.—Llegó el novio a la tienda y ha comprado todo lo mejor que había.

SUEGRA.—¿Vino solo?

MUCHACHA.—No, con su madre. Seria, alta. (*La imita.*) Pero ¡qué lujo!

SUEGRA.—Ellos tienen dinero.

MUCHACHA.—¡Y compraron unas medias caladas!... ¡Ay, qué medias! ¡El sueño de las mujeres en medias! Mire usted: una golondrina aquí (*señala al tobillo*), un barco aquí (*señala la pantorrilla*), y aquí una rosa (*señala el muslo.*)

SUEGRA.—¡Niña!

MUCHACHA.—¡Una rosa con las semillas y el tallo! ¡Ay! ¡Todo en seda!

SUEGRA.—Se van a juntar dos buenos capitales.

(*Aparecen Leonardo y su Mujer.*)

MUCHACHA.—Vengo a deciros lo que están comprando.

LEONARDO.—(*Fuerte.*) No nos importa.

MUJER.—Déjala.

SUEGRA.—Leonardo, no es para tanto.

MUCHACHA.—Usted dispense. (*Se va llorando.*)

SUEGRA.—¿Qué necesidad tienes de ponerte a mal con las gentes?

LEONARDO.—No le he preguntado su opinión. (*Se sienta.*)

SUEGRA.—Está bien. (*Pausa.*)

MUJER.—(*A Leonardo.*) ¿Qué te pasa? ¿Qué idea te bulle por dentro de la cabeza? No me dejes así, sin saber nada...

LEONARDO.—Quita.

MUJER.—No. Quiero que me mires y me lo digas.

LEONARDO.—Déjame. (*Se levanta.*)

MUJER.—¿Adónde vas, hijo?

LEONARDO.—(*Agrio.*) ¿Te puedes callar?

SUEGRA.—(*Enérgica, a su hija.*) ¡Cállate! (*Sale Leonardo.*) ¡El niño!

(*Entra y vuelve a salir con él en brazos. La Mujer ha permanecido de pie, inmóvil.*)

Las patas heridas,
las crines heladas,
dentro de los ojos
un puñal de plata.

Bajaban al río.
¡Ay, cómo bajaban!
La sangre corría
más fuerte que el agua.
MUJER.— *(Volviéndose lentamente y como soñando.)*
Duérmete, clavel,
que el caballo se pone a beber.
SUEGRA.—Duérmete, rosal,
que el caballo se pone a llorar
MUJER.— Nana niño, nana.
SUEGRA.—¡Ay caballo grande
que no quiso el agua!
MUJER.— *(Dramática.)*
¡No vengas, no entres!
¡Vete a la montaña!
¡Ay dolor de nieve,
caballo del alba!
SUEGRA.—*(Llorando.)* Mi niño se duerme
MUJER.— *(Llorando y acercándose lentamente.)*
Mi niño descansa...
SUEGRA.—Duérmete, clavel,
que el caballo no quiere beber.
MUJER.— *(Llorando y apoyándose sobre la mesa.)*
Duérmete, rosal,
que el caballo se pone a llorar.

TELÓN

CUADRO TERCERO

Interior de la cueva donde vive la Novia. Al fondo, una cruz de grandes flores rosa. Las puertas redondas con cortinas de encaje y lazos rosa. Por las paredes de material blanco y duro, abanicos redondos, jarros azules y pequeños espejos.

CRIADA.—Pasen... *(Muy afable, llena de hipocresía humilde. Entran el Novio y su Madre. La Madre viste de raso negro y lleva mantilla de encaje. El Novio, de pana negra con gran cadena de oro.)* ¿Se quieren sentar? Ahora vienen. *(Sale.)*
    (Quedan madre e hijo sentados, inmóviles como estatuas. Pausa larga.)
MADRE.—¿Traes el reloj?
NOVIO.—Sí. *(Lo saca y lo mira.)*
MADRE.—Tenemos que volver a tiempo. ¡Qué lejos vive esta gente!
NOVIO.—Pero estas tierras son buenas.
MADRE.—Buenas; pero demasiado solas. Cuatro horas de camino y ni una casa ni un árbol.
NOVIO.—Estos son los secanos.
MADRE.—Tu padre los hubiera cubierto de árboles.

[87]

NOVIO.—¿Sin agua?

MADRE.—Ya la hubiera buscado. Los tres años que estuvo casado conmigo, plantó diez cerezos. *(Haciendo memoria.)* Los tres nogales del molino, toda una viña y una planta que se llama Júpiter [8], que da flores encarnadas, y se secó. *(Pausa.)*

NOVIO.—*(Por la novia.)* Debe estar vistiéndose.

(Entra el Padre de la novia. Es anciano, con el cabello blanco reluciente. Lleva la cabeza inclinada. La Madre y el Novio se levantan y se dan las manos en silencio.)

PADRE.—¿Mucho tiempo de viaje?

MADRE.—Cuatro horas. *(Se sientan.)*

PADRE.—Habéis venido por el camino más largo.

MADRE.—Yo estoy ya vieja para andar por las terreras [9] del río.

NOVIO.—Se marea. *(Pausa.)*

PADRE.—Buena cosecha de esparto.

NOVIO.—Buena de verdad.

PADRE.—En mi tiempo, ni esparto daba esta tierra. Ha sido necesario castigarla y hasta llorarla, para que nos dé algo provechoso [10].

MADRE.—Pero ahora da. No te quejes. Yo no vengo a pedirte nada.

PADRE.—*(Sonriendo.)* Tú eres más rica que yo. Las viñas valen un capital. Cada pámpano una moneda de plata. Lo que siento es que las tierras... ¿entiendes?... estén separadas. A mí me gusta todo junto. Una espina tengo en el corazón, y es la

[8] Planta arbórea originaria de China, con hojas ovales y pétalos rojos en primavera.

[9] *Terrera:* Tierra escarpada desprovista de vegetación.

[10] El esparto, que hoy sólo se encuentra de manera silvestre, se cultivaba para obtener de él la valiosa fibra utilizada entonces como materia prima en la fabricación de innumerables objetos propios del trabajo rural.

huertecilla esa metida entre mis tierras, que no me quieren vender por todo el oro del mundo.

NOVIO.—Eso pasa siempre.

PADRE.—Si pudiéramos con veinte pares de bueyes traer tus viñas aquí y ponerlas en la ladera. ¡Qué alegría!

MADRE.—¿Para qué?

PADRE.—Lo mío es de ella y lo tuyo de él. Por eso. Para verlo todo junto, ¡que junto es una hermosura!

NOVIO.—Y sería menos trabajo.

MADRE.—Cuando yo me muera, vendéis aquello y compráis aquí al lado.

PADRE.—Vender, ¡vender! ¡Bah!; comprar, hija, comprarlo todo. Si yo hubiera tenido hijos, hubiera comprado todo este monte hasta la parte del arroyo. Porque no es buena tierra; pero con brazos se la hace buena, y como no pasa gente no te roban lo frutos y puedes dormir tranquilo. (Pausa.)

MADRE.—Tú sabes a lo que vengo.

PADRE.—Sí.

MADRE.—¿Y qué?

PADRE.—Me parece bien. Ellos lo han hablado.

MADRE.—Mi hijo tiene y puede.

PADRE.—Mi hija también.

MADRE.—Mi hijo es hermoso. No ha conocido mujer [11]. La honra más limpia que una sábana puesta al sol.

PADRE.—Qué te digo de la mía. Hace las migas a las tres, cuando el lucero. No habla nunca; suave como la lana, borda toda clase de bordados y puede cortar una maroma [12] con los dientes.

---

[11] *No ha conocido mujer:* Expresión, procedente de la Biblia, que se empleaba para referirse al hombre virgen.

[12] *Maroma:* Cuerda muy gruesa de esparto, cáñamo u otras fibras.

MADRE.—Dios bendiga su casa.

PADRE.—Que Dios la bendiga.

(*Aparece la* Criada *con dos bandejas. Una con copas y la otra con dulces.*)

MADRE.—(*Al hijo.*) ¿Cuándo queréis la boda?

NOVIO.—El jueves próximo.

PADRE.—Día en que ella cumple veintidós años justos.

MADRE.—¡Veintidós años! Esa edad tendría mi hijo mayor si viviera [13]. Que viviría caliente y macho como era, si los hombres no hubieran inventado las navajas.

PADRE.—En eso no hay que pensar.

MADRE.—Cada minuto. Métete la mano en el pecho [14].

PADRE.—Entonces el jueves. ¿No es así?

NOVIO.—Así es.

PADRE.—Los novios y nosotros iremos en coche hasta la iglesia, que está muy lejos, y el acompañamiento en los carros y en las caballerías que traigan.

MADRE.—Conformes.

(*Pasa la* Criada.)

PADRE.—Dile que ya puede entrar. (*A la* Madre.) Celebraré mucho que te guste.

(*Aparece la* Novia. *Trae las manos caídas en actitud modesta y la cabeza baja.*)

MADRE.—Acércate. ¿Estás contenta?

NOVIA.—Sí, señora.

---

[13] Adviértase que, según lo que dice aquí la Madre, la Novia es algo mayor que el Novio, no más de tres años puesto que ese fue el tiempo en que la Madre tuvo sus dos hijos, según le dice al Novio al comienzo de este mismo cuadro.

[14] *Métete la mano en el pecho:* Expresión popular que equivale a «piénsalo para ti, recapacita sinceramente y me darás la razón».

PADRE.—No debes estar seria. Al fin y al cabo ella va a ser tu madre.

NOVIA.—Estoy contenta. Cuando he dado el sí es porque quiero darlo.

MADRE.—Naturalmente. (*Le coge la barbilla.*) Mírame.

PADRE.—Se parece en todo a mi mujer.

MADRE.—¿Sí? [15] ¡Qué hermoso mirar! ¿Tú sabes lo que es casarse, criatura?

NOVIA.—(*Seria.*) Lo sé.

MADRE.—Un hombre, unos hijos y una pared de dos varas de ancha para todo lo demás.

NOVIO.—¿Es que hace falta otra cosa?

MADRE.—No. Que vivan todos, ¡eso! ¡Que vivan!

NOVIA.—Yo sabré cumplir.

MADRE.—Aquí tienes unos regalos.

NOVIA.—Gracias.

PADRE.—¿No tomamos algo?

MADRE.—Yo no quiero. (*Al* NOVIO.) ¿Y tú?

NOVIO.—Tomaré. (*Toma un dulce. La* Novia *toma otro.*)

PADRE.—(*Al* Novio.) ¿Vino?

MADRE.—No lo prueba.

PADRE.—¡Mejor! (*Pausa. Todos están en pie.*)

NOVIO.—(*A la* Novia.) Mañana vendré.

NOVIA.—¿A qué hora?

NOVIO.—A las cinco.

NOVIA.—Yo te espero.

NOVIO.—Cuando me voy de tu lado siento un despego grande y así como un nudo en la garganta.

---

[15] Parece evidente que el autor remite aquí a lo que sobre la madre de la Novia dice la Vecina en el cuadro anterior: «No quería a su marido»... «Era orgullosa».

NOVIA.—Cuando seas mi marido ya no lo tendrás.

NOVIO.—Eso digo yo.

MADRE.—Vamos. El sol no espera. (Al Padre): ¿Conformes en todo?

PADRE.—Conformes.

MADRE.—(A la Criada.) Adiós, mujer.

CRIADA.—Vayan ustedes con Dios.

(La Madre besa a la Novia y van saliendo en silencio.)

MADRE.—(En la puerta.) Adiós, hija. (La Novia contesta con la mano.)

PADRE.—Yo salgo con vosotros. (Salen.)

CRIADA.—Que reviento por ver los regalos.

NOVIA.—(Agria.) Quita.

CRIADA.—¡Ay, niña, enséñamelos!

NOVIA.—No quiero

CRIADA.—Siquiera las medias. Dicen que son todas caladas. ¡Mujer!

NOVIA.—¡Ea, que no!

CRIADA.—¡Por Dios! Está bien. Parece como si no tuvieras ganas de casarte.

NOVIA.—(Mordiéndose la mano con rabia.) ¡Ay!

CRIADA.—Niña, hija, ¿qué te pasa? ¿Sientes dejar tu vida de reina? No pienses en cosas agrias. ¿Tienes motivo? Ninguno. Vamos a ver los regalos. (Coge la caja.)

NOVIA.—(Cogiéndola de las muñecas.) Suelta.

CRIADA.—¡Ay, mujer!

NOVIA.—Suelta he dicho.

CRIADA.—Tienes más fuerza que un hombre.

NOVIA.—¿No he hecho yo trabajos de hombre? ¡Ojalá fuera!

CRIADA.—¡No hables así!

NOVIA.—Calla he dicho. Hablemos de otro asunto.

(La luz va desapareciendo de la escena. Pausa larga.)

CRIADA.—¿Sentiste anoche un caballo?
NOVIA.—¿A qué hora?
CRIADA.—A las tres.
NOVIA.—Sería un caballo suelto de la manada
CRIADA.—No. Llevaba jinete.
NOVIA.—¿Por qué lo sabes?
CRIADA.—Porque lo vi. Estuvo parado en tu ventana. Me chocó mucho.
NOVIA.—¿No sería mi novio? Algunas veces ha pasado a esas horas.
CRIADA.—No.
NOVIA.—¿Tú le viste?
CRIADA.—Sí.
NOVIA.—¿Quién era?
CRIADA.—Era Leonardo.
NOVIA.—(*Fuerte.*) ¡Mentira! ¡Mentira! ¿A qué viene aquí?
CRIADA.—Vino.
NOVIA.—¡Cállate! ¡Maldita sea tu lengua!
(*Se siente el ruido de un caballo.*)
CRIADA.—(*En la ventana.*) Mira, asómate. ¿Era?
NOVIA.—¡Era!

TELÓN RÁPIDO

ACTO SEGUNDO

CUADRO PRIMERO

Zaguán de casa de la Novia. Portón al fondo. Es de noche. La Novia sale con enaguas blancas encañonadas, llenas de encajes y puntas bordadas y un corpiño blanco, con los brazos al aire. La Criada, lo mismo.

CRIADA.—Aquí te acabaré de peinar.

NOVIA.—No se puede estar ahí dentro, del calor.

CRIADA.—En estas tierras no refresca ni al amanecer [16].

(Se sienta la Novia en una silla baja y se mira en un espejito de mano. La Criada la peina.)

NOVIA.—Mi madre era de un sitio donde había muchos árboles. De tierra rica.

CRIADA.—¡Así era ella de alegre!

NOVIA.—Pero se consumió aquí.

---

[16] Obsérvese que el ambiente asfixiante, propicio para la ofuscación mental y el desenfreno de los sentidos, es el mismo que nos presenta Lorca en *La casa de Bernarda Alba*.

CRIADA.—El sino.

NOVIA.—Como nos consumimos todas. Echan fuego las paredes. ¡Ay! No tires demasiado.

CRIADA.—Es para arreglarte mejor esta onda. Quiero que te caiga sobre la frente. (*La Novia se mira en el espejo.*) ¡Qué hermosa estás! ¡Ay! (*La besa apasionadamente.*)

NOVIA.—(*Seria*). Sigue peinándome.

CRIADA.—(*Peinándola.*) ¡Dichosa tú que vas a abrazar a un hombre, que lo vas a besar, que vas a sentir su peso!

NOVIA.—Calla

CRIADA.—Y lo mejor es cuando te despiertes y lo sientas al lado y que él te roza los hombros con su aliento, como con una plumilla de ruiseñor.

NOVIA.—(*Fuerte*). ¿Te quieres callar?

CRIADA.—¡Pero niña! ¿Una boda, qué es? Una boda es esto y nada más. ¿Son los dulces? ¿Son los ramos de flores? No. Es una cama relumbrante y un hombre y una mujer.

NOVIA.—No se debe decir.

CRIADA.—Eso es otra cosa. ¡Pero es bien alegre!

NOVIA.—O bien amargo.

CRIADA.—El azahar te lo voy a poner desde aquí hasta aquí, de modo que la corona luzca sobre el peinado. (*Le prueba el ramo de azahar.*)

NOVIA.—(*Se mira en el espejo.*) Trae. (*Coge el azahar y lo mira y deja caer la cabeza, abatida.*)

CRIADA.—¿Qué es esto?

NOVIA.—Déjame.

CRIADA.—No son horas de ponerte triste. (*Animosa.*) Trae el azahar. (*Novia tira el azahar.*) ¡Niña! ¿Qué castigo pides tirando al suelo la corona? ¡Levanta esa frente! ¿Es que no te quieres casar? Dilo. Todavía te puedes arrepentir. (*Se levanta.*)

NOVIA.—Son nublos. Un mal aire en el centro [17], ¿quién no lo tiene?

CRIADA.—Tú quieres a tu novio.

NOVIA.—Lo quiero

CRIADA.—Sí, sí, estoy segura.

NOVIA.—Pero este es un paso muy grande.

CRIADA.—Hay que darlo.

NOVIA.—Ya me he comprometido.

CRIADA.—Te voy a poner la corona.

NOVIA.—*(Se sienta.)* Date prisa, que ya deben ir llegando.

CRIADA.—Ya llevarán lo menos dos horas de camino.

NOVIA.—¿Cuánto hay de aquí a la iglesia?

CRIADA.—Cinco leguas por el arroyo, que por el camino hay el doble.

(La Novia *se levanta y la* Criada *se entusiasma al verla.)*

Despierte la novia
la mañana de la boda.
¡Que los ríos del mundo
lleven tu corona!

NOVIA.—*(Sonriente.)* Vamos.

CRIADA.—*(La besa entusiasmada y baila alrededor.)*

Que despierte
con el ramo verde
del laurel florido.
¡Que despierte
por el tronco y la rama
de los laureles!

(Se oyen unos aldabonazos.)

---

[17] *Centro:* En el folclor andaluz se emplea «centro» o «los centros» para referirse a lo más íntimo y profundo de la persona. Más adelante, Leonardo: «¡Cuando las cosas llegan a los centros, no hay quien las arranque!».

NOVIA.—¡Abre! Deben ser los primeros convidados (*Entra. La Criada abre sorprendida.*)

CRIADA.—¿Tú?

LEONARDO.—Yo. Buenos días.

CRIADA.—¡El primero!

LEONARDO.—¿No me han convidado?

CRIADA.—Sí.

LEONARDO.—Por eso vengo.

CRIADA.—¿Y tu mujer?

LEONARDO.—Yo vine a caballo. Ella se acerca por el camino.

CRIADA.—¿No te has encontrado a nadie?

LEONARDO.—Los pasé con el caballo

CRIADA.—Vas a matar al animal con tanta carrera.

LEONARDO.—¡Cuando se muera, muerto está! (*Pausa.*)

CRIADA.—Siéntate. Todavía no se ha levantado nadie.

LEONARDO.—¿Y la novia?

CRIADA.—Ahora mismo la voy a vestir.

LEONARDO.—¡La novia! ¡Estará contenta!

CRIADA.—(*Variando de conversación.*) ¿Y el niño?

LEONARDO.—¿Cuál?

CRIADA.—Tu hijo.

LEONARDO.—(*Recordando como soñoliento.*) ¡Ah!

CRIADA.—¿Lo traen?

LEONARDO.—No. (*Pausa. Voces cantando muy lejos.*)

VOCES.—   ¡Despierte la novia
          la mañana de la boda!

LEONARDO.—Despierte la novia
          la mañana de la boda

CRIADA.—Es la gente. Vienen lejos todavía

LEONARDO.—(*Levantándose.*) ¿La novia llevará una corona grande, no? No debía ser tan grande. Un poco más pequeña le sentaría mejor. ¿Y trajo ya el novio el azahar que se tiene que poner en el pecho?

NOVIA.—*(Apareciendo todavía en enaguas y con la corona de azahar puesta.)* Lo trajo.

CRIADA.—*(Fuerte.)* No salgas así.

NOVIA.—¿Qué más da? *(Sería.)* ¿Por qué preguntas si trajeron el azahar? ¿Llevas intención?

LEONARDO.—Ninguna. ¿Qué intención iba a tener? *(Acercándose.)* Tú, que me conoces, sabes que no la llevo. Dímelo. ¿Quién he sido yo para ti? Abre y refresca tu recuerdo. Pero dos bueyes y una mala choza son casi nada. Esa es la espina.

NOVIA.—¿A qué vienes?

LEONARDO.—A ver tu casamiento.

NOVIA.—¡También yo vi el tuyo!

LEONARDO.—Amarrado por ti, hecho con tus dos manos. A mí me pueden matar, pero no me pueden escupir. Y la plata, que brilla tanto, escupe algunas veces.

NOVIA.—¡Mentira!

LEONARDO.—No quiero hablar, porque soy hombre de sangre y no quiero que todos estos cerros oigan mis voces.

NOVIA.—Las mías serían más fuertes.

CRIADA.—Estas palabras no pueden seguir. Tú no tienes que hablar de lo pasado. *(La Criada mira a las puertas presa de inquietud.)*

NOVIA.—Tiene razón. Yo no debo hablarte siquiera. Pero se me calienta el alma de que vengas a verme y atisbar mi boda y preguntes con intención por el azahar. Vete y espera a tu mujer en la puerta.

LEONARDO.—¿Es que tú y yo no podemos hablar?

CRIADA.—*(Con rabia.)* No; no podéis hablar.

LEONARDO.—Después de mi casamiento he pensado noche y día de quién era la culpa, y cada vez que pienso sale una culpa nueva que se come a la otra; ¡pero siempre hay culpa!

NOVIA.—Un hombre con su caballo sabe mucho y puede mucho para poder estrujar a una muchacha metida en un desierto. Pero yo tengo orgullo. Por eso me caso. Y me encerraré con mi marido, a quien tengo que querer por encima de todo.

LEONARDO.—El orgullo no te servirá de nada. *(Se acerca.)*

NOVIA.—¡No te acerques!

LEONARDO.—Callar y quemarse es el castigo más grande que nos podemos echar encima. ¿De qué me sirvió a mí el orgullo y el no mirarte y el dejarte despierta noches y noches? ¡De nada! ¡Sirvió para echarme fuego encima! Porque tú crees que el tiempo cura y que las paredes tapan, y no es verdad, no es verdad. ¡Cuando las cosas llegan a los centros, no hay quien las arranque!

NOVIA.—*(Temblando.)* No puedo oírte. No puedo oír tu voz. Es como si me bebiera una botella de anís y me durmiera en una colcha de rosas. Y me arrastra, y sé que me ahogo, pero voy detrás.

CRIADA.—*(Cogiendo a Leonardo por las solapas.)* ¡Debes irte ahora mismo!

LEONARDO.—Es la última vez que voy a hablar con ella. No temas nada.

NOVIA.—Y sé que estoy loca y sé que tengo el pecho podrido de aguantar, y aquí estoy quieta por oírlo, por verlo menear los brazos.

LEONARDO.—No me quedo tranquilo si no te digo estas cosas. Yo me casé. Cásate tú ahora

CRIADA.—*(A Leonardo.)* ¡Y se casa!

VOCES.—*(Cantando más cerca.)*
Despierte la novia
la mañana de la boda.

NOVIA.—¡Despierte la novia!

(Sale corriendo a su cuarto.)

CRIADA.—Ya está aquí la gente. *(A Leonardo.)* No te vuelvas a acercar a ella.

LEONARDO.—Descuida. *(Sale por la izquierda. Empieza a clarear el día.)*

MUCHACHA 1.ª—*(Entrando.)*
Despierte la novia
la mañana de la boda;
ruede la ronda
y en cada balcón una corona.

VOCES.— ¡Despierte la novia!

CRIADA.—*(Moviendo algazara.)*
Que despierte
con el ramo verde
del amor florido.
¡Que despierte
por el tronco y la rama
de los laureles!

MUCHACHA 2.ª—*(Entrando.)*
Que despierte
con el largo pelo,
camisa de nieve,
botas de charol y plata
y jazmines en la frente.

CRIADA.— ¡Ay, pastora,
que la luna asoma! [18].

MUCHACHA 1.ª—¡Ay, galán,
deja tu sombrero por el olivar!

MOZO 1.º—*(Entrando con el sombrero en alto.)*
Despierte la novia
que por los campos viene

---

[18] Primera alusión —lírica, además— a la luna, que enseguida va a adquirir un protagonismo nefasto.

rodando la boda,
con bandejas de dalias
y panes de gloria.
VOCES.— ¡Despierte la novia!
MUCHACHA 2.ª—La novia
se ha puesto su blanca corona,
y el novio
se la prende con lazos de oro.
CRIADA.— Por el toronjil [19]
la novia no puede dormir.
MUCHACHA 3.ª—(Entrando.)
Por el naranjel
el novio le ofrece cuchara y mantel.
(Entran tres convidados.)
MOZO 1.º— ¡Despierta, paloma!
El alba despeja
campanas de sombra.
CONVIDADO.—La novia, la blanca novia,
hoy doncella,
mañana señora.
MUCHACHA 1.ª—Baja, morena,
arrastrando tu cola de seda.
CONVIDADO.—Baja, morenita,
que llueve rocío la mañana fría.
MOZO 1.º—Despertad, señora, despertad,
porque viene el aire lloviendo azahar
CRIADA.— Un árbol quiero bordarle
lleno de cintas granates

[19] *Toronjil:* Hierba aromática, cuyo olor se asemeja al del limón. Adviértase el juego lírico entre esta palabra, tan parecida a «toronja», cítrico muy popular en Andalucía, en paralelo con *naranjel* (naranjal).

y en cada cinta un amor
con vivas alrededor.
VOCES.— Despierte la novia.
MOZO 1.º— ¡La mañana de la boda!
CONVIDADO.—La mañana de la boda
qué galana vas a estar;
pareces, flor de los montes,
la mujer de un capitán.
PADRE.— (*Entrando.*) La mujer de un capitán
se lleva el novio.
¡Ya viene con sus bueyes por el tesoro!
MUCHACHA 3.ª—El novio
parece la flor del oro.
Cuando camina,
a sus plantas se agrupan las clavelinas.
CRIADA.— ¡Ay mi niña dichosa!
MOZO 2.º— Que despierte la novia.
CRIADA.— ¡Ay mi galana! [20].
MUCHACHA 1.ª—La boda está llamando
por las ventanas.
MUCHACHA 2.ª—Que salga la novia.
MUCHACHA 1.ª—¡Que salga, que salga!
CRIADA.— ¡Que toquen y repiquen
las campanas!
MOZO 1.º— ¡Que viene aquí! ¡Que sale ya!
CRIADA.— ¡Como un toro, la boda
levantándose está!

(*Aparece la* Novia. *Lleva un traje negro mil novecientos, con caderas y larga cola rodeada de gasas plisadas y encajes duros. So-*

---

[20] *Galana:* Bien vestida y adornada, primorosa.

bre el peinado de visera lleva la corona de azahar. Suenan las gui-
tarras. Las Muchachas *besan a la* Novia.*)*
MUCHACHA 3.ª—¿Qué esencia te echaste en el pelo?
NOVIA.—*(Riendo.)* Ninguna.
MUCHACHA 2.ª—*(Mirando el traje.)* La tela es de lo que no hay.
MOZO 1.º—¡Aquí está el novio!
NOVIO.—¡Salud!
MUCHACHA 1.ª—*(Poniéndole una flor en la oreja.)*
El novio
parece la flor del oro.
MUCHACHA 2.ª—¡Aires de sosiego
le manan los ojos!
(El Novio *se dirige al lado de la* Novia.*)*
NOVIA.—¿Por qué te pusiste esos zapatos?
NOVIO.—Son más alegres que los negros.
MUJER DE LEONARDO.—*(Entrando y besando a la* Novia.*)*
¡Salud! *(Hablan todas con algazara.)*
LEONARDO.—*(Entrando como quien cumple un deber.)*
La mañana de casada
la corona te ponemos.
MUJER.— ¡Para que el campo se alegre
con el agua de tu pelo!
MADRE.—*(Al* Padre.*)* ¿También están esos aquí?
PADRE.—Son familia. ¡Hoy es día de perdones!
MADRE.—Me aguanto, pero no perdono.
NOVIO.—¡Con la corona da alegría mirarte!
NOVIA.—¡Vámonos pronto a la iglesia!
NOVIO.—¿Tienes prisa?
NOVIA.—Sí. Estoy deseando ser tu mujer y quedarme sola
contigo, y no oír más voz que la tuya.
NOVIO.—¡Eso quiero yo!

NOVIA.—Y no ver más que tus ojos. Y que me abrazaras tan fuerte, que aunque me llamara mi madre, que está muerta, no me pudiera despegar de ti.

NOVIO.—Yo tengo fuerza en los brazos. Te voy a abrazar cuarenta años seguidos.

NOVIA.—*(Dramática, cogiéndole del brazo.)* ¡Siempre!

PADRE.—¡Vamos pronto! ¡A coger las caballerías y los carros! Que ya ha salido el sol.

MADRE.—¡Que llevéis cuidado! No sea que tengamos malahora.

(Se abre el gran portón del fondo. Empiezan a salir.)

CRIADA.—*(Llorando.)*
Al salir de tu casa,
blanca doncella,
acuérdate que sales
como una estrella...

MUCHACHA 1.ª—Limpia de cuerpo y ropa
al salir de tu casa para la boda.

(Van saliendo.)

MUCHACHA 2.ª—¡Ya sales de tu casa
para la iglesia!

CRIADA.— ¡El aire pone flores
por las arenas!

MUCHACHA 3.ª—¡Ay la blanca niña!

CRIADA.—Aire oscuro el encaje
de su mantilla.

(Salen. Se oyen guitarras, palillos y panderetas. Quedan solos Leonardo y su mujer.)

MUJER.—Vamos.

LEONARDO.—¿Adónde?

MUJER.—A la iglesia. Pero no vas en el caballo. Vienes conmigo.

LEONARDO.—¿En el carro?

MUJER.—¿Hay otra cosa?

LEONARDO.—Yo no soy hombre para ir en carro.

MUJER.—Y yo no soy mujer para ir sin su marido en un casamiento. ¡Que no puedo más!

LEONARDO.—¡Ni yo tampoco!

MUJER.—¿Por qué me miras así? Tienes una espina en cada ojo.

LEONARDO.—¡Vamos!

MUJER.—No sé lo que pasa. Pero pienso y no quiero pensar. Una cosa sé. Yo ya estoy despachada. Pero tengo un hijo. Y otro que viene. Vamos andando. El mismo sino tuvo mi madre. Pero de aquí no me muevo. (*Voces fuera.*)

VOCES.— (¡Al salir de tu casa
para la iglesia,
acuérdate que sales
como una estrella!)

MUJER.—(*Llorando.*) ¡Acuérdate que sales
como una estrella!

Así salí yo de mi casa también. Que me cabía todo el campo en la boca.

LEONARDO.—(*Levantándose.*) Vamos.

MUJER.—¡Pero conmigo!

LEONARDO.—Sí. (*Pausa.*) ¡Echa a andar! (*Salen.*)

VOCES.— Al salir de tu casa
para la iglesia,
acuérdate que sales
como una estrella.

TELÓN LENTO

CUADRO SEGUNDO

Exterior de la cueva de la novia. Entonación en blancos grises y azules fríos. Grandes chumberas. Tonos sombríos y plateados. Panoramas de mesetas color barquillo, todo endurecido como paisaje de cerámica popular.

CRIADA.—*(Arreglando en una mesa copas y bandejas.)*
        Giraba,
        giraba la rueda
        y el agua pasaba,
        porque llega la boda
        que se aparten las ramas
        y la luna se adorne
        por su blanca baranda.
(En voz alta.) ¡Pon los manteles!
(En voz patética.) Cantaban,
        cantaban los novios
        y el agua pasaba.
        Porque llega la boda
        que relumbre la escarcha
        y se llenen de miel

las almendras amargas.
(*En voz alta.*) ¡Prepara el vino!
(*En voz poética.*) Galana.
Galana de la tierra,
mira cómo el agua pasa.
Porque llega tu boda
recógete las faldas
y bajo el ala del novio
nunca salgas de tu casa.
Porque el novio es un palomo
con todo el pecho de brasa
y espera el campo el rumor
de la sangre derramada.
Giraba,
giraba la rueda
y el agua pasaba.
¡Porque llega tu boda,
deja que relumbre el agua!

MADRE.—(*Entrando.*) ¡Por fin!

PADRE.—¿Somos los primeros?

CRIADA.—No. Hace rato llegó Leonardo con su mujer. Corrieron como demonios. La mujer llegó muerta de miedo. Hicieron el camino como si hubieran venido a caballo.

PADRE.—Ese busca la desgracia. No tiene buena sangre.

MADRE.—¿Qué sangre va a tener? La de toda su familia. Mana de su bisabuelo, que empezó matando, y sigue en toda la mala ralea, manejadores de cuchillos y gente de falsa sonrisa.

PADRE.—¡Vamos a dejarlo!

CRIADA.—¿Cómo lo va a dejar?

MADRE.—Me duele hasta la punta de las venas. En la frente de todos ellos yo no veo más que la mano con que ma-

taron a lo que era mío. ¿Tú me ves a mí? ¿No te parezco loca?
Pues es loca de no haber gritado todo lo que mi pecho necesita. Tengo en mi pecho un grito siempre puesto de pie a quien
tengo que castigar y meter entre los mantos. Pero se llevan a
los muertos y hay que callar. Luego la gente critica. *(Se quita el
manto.)*

PADRE.—Hoy no es día de que te acuerdes de esas cosas.

MADRE.—Cuando sale la conversación, tengo que hablar.
Y hoy más. Porque hoy me quedo sola en mi casa.

PADRE.—En espera de estar acompañada.

MADRE.—Esa es mi ilusión: los nietos. *(Se sientan.)*

PADRE.—Yo quiero que tengan muchos. Esta tierra necesita brazos que no sean pagados. Hay que sostener una batalla
con las malas hierbas, con los cardos, con los pedruscos que
salen no se sabe dónde. Y estos brazos tienen que ser de los
dueños, que castiguen y que dominen, que hagan brotar las si-
mientes. Se necesitan muchos hijos.

MADRE.—¡Y alguna hija! ¡Los varones son del viento! Tienen por fuerza que manejar armas. Las niñas no salen jamás a
la calle.

PADRE.—*(Alegre.)* Yo creo que tendrán de todo.

MADRE.—Mi hijo la cubrirá bien. Es de buena simiente. Su
padre pudo haber tenido conmigo muchos hijos.

PADRE.—Lo que yo quisiera es que esto fuera cosa de un
día. Que en seguida tuvieran dos o tres hombres.

MADRE.—Pero no es así. Se tarda mucho. Por eso es tan
terrible ver la sangre de una derramada por el suelo. Una
fuente que corre un minuto y a nosotros nos ha costado años.
Cuando yo llegué a ver a mi hijo, estaba tumbado en mitad de
la calle. Me mojé las manos de sangre y me las lamí con la lengua. Porque era mía. Tú no sabes lo que es eso. En una custo-
dia de cristal y topacios pondría yo la tierra empapada por ella.

PADRE.—Ahora tienes que esperar. Mi hija es ancha y tu hijo es fuerte.

MADRE.—Así espero. *(Se levantan.)*

PADRE.—Prepara las bandejas de trigo [21].

CRIADA.—Están preparadas.

MUJER DE LEONARDO.—*(Entrando.)* ¡Que sea para bien!

MADRE.—Gracias.

LEONARDO.—¿Va a haber fiesta?

PADRE.—Poca. La gente no puede entretenerse.

CRIADA.—¡Ya están aquí!

(Van entrando invitados en alegres grupos. Entran los novios cogidos del brazo. Sale Leonardo.)

NOVIO.—En ninguna boda se vio tanta gente.

NOVIA.—*(Sombría.)* En ninguna.

PADRE.—Fue lucida.

MADRE.—Ramas enteras de familias han venido.

NOVIO.—Gente que no salía de su casa.

MADRE.—Tu padre sembró mucho y ahora lo recoges tú.

NOVIO.—Hubo primos míos que yo ya no conocía.

MADRE.—Toda la gente de la costa.

NOVIO.—*(Alegre.)* Se espantaban de los caballos. *(Hablan.)*

MADRE.—*(A la* Novia.) ¿Qué piensas?

NOVIA.—No pienso en nada.

MADRE.—Las bendiciones pesan mucho. *(Se oyen guitarras.)*

NOVIA.—Como plomo.

MADRE.—*(Fuerte.)* Pero no han de pesar. Ligera como paloma debes ser.

NOVIA.—¿Se queda usted aquí esta noche?

---

[21] *Bandejas de trigo:* En la repostería casera de la época, y sobre todo en bodas y bautizos campestres, era muy común preparar granos de trigo hinchados con un baño de caramelo.

MADRE.—No. Mi casa está sola.

NOVIA.—¡Debía usted quedarse!

PADRE.—(*A la* Madre.) Mira el baile que tienen formado. Bailes de allá de la orilla del mar [22].

(*Sale* Leonardo *y se sienta* [23]. *Su mujer detrás de él en actitud rígida.*)

MADRE.—Son los primos de mi marido. Duros como piedras para la danza.

PADRE.—Me alegra el verlos. ¡Qué cambio para esta casa! (*Se va.*)

NOVIO.—(*A la* Novia.) ¿Te gustó el azahar?

NOVIA.—(*Mirándole fija.*) Sí.

NOVIO.—Es todo de cera. Dura siempre. Me hubiera gustado que llevaras en todo el vestido.

NOVIA.—No hace falta. (*Mutis Leonardo por la derecha.*)

MUCHACHA 1.ª—Vamos a quitarte los alfileres.

NOVIA.—(*Al* Novio.) Ahora vuelvo.

MUJER.—¡Que seas feliz con mi prima!

NOVIO.—Tengo seguridad.

MUJER.—Aquí los dos; sin salir nunca y a levantar la casa. ¡Ojalá yo viviera también así de lejos!

NOVIO.—¿Por qué no compráis tierras? El monte es barato y los hijos se crían mejor.

---

[22] El mar, de connotaciones luminosas y alegres, aparece momentáneamente aquí, como aparecerá en boca de María Josefa, el único personaje esperanzado —aun en su delirio— de *La casa de Bernarda Alba*.

[23] Hay cierta confusión en las salidas (a escena) de Leonardo. Véase la acotación anterior, cuando «*Entran* (a escena) *los novios cogidos del brazo (Sale* Leonardo)». Así figura en todas las ediciones consultadas. Más lógico parece que entre (a escena) ahora, seguido de su mujer, y que salga poco después, cuando, tras decir la Novia: «No hace falta», Lorca acota: (*Mutis* Leonardo *por la derecha*).

MUJER.—No tenemos dinero. ¡Y con el camino que llevamos!

NOVIO.—Tu marido es un buen trabajador.

MUJER.—Sí, pero le gusta volar demasiado. Ir de una cosa a otra. No es hombre tranquilo.

CRIADA.—¿No tomáis nada? Te voy a envolver unos roscos de vino para tu madre, que a ella le gustan mucho.

NOVIO.—Ponle tres docenas.

MUJER.—No, no. Con media tiene bastante.

NOVIO.—Un día es un día.

MUJER.—(A la Criada.) ¿Y Leonardo?

CRIADA.—No lo vi.

NOVIO.—Debe estar con la gente.

MUJER.—¡Voy a ver! (Se va.)

CRIADA.—Aquello está hermoso.

NOVIO.—¿Y tú no bailas?

CRIADA.—No hay quien me saque.

(Pasan al fondo dos muchachas; durante todo este acto el fondo será un animado cruce de figuras.)

NOVIO.—(Alegre.) Eso se llama no entender. Las viejas frescas como tú bailan mejor que las jóvenes.

CRIADA.—Pero ¿vas a echarme requiebros, niño? ¡Qué familia la tuya! ¡Machos entre los machos! Siendo niña vi la boda de tu abuelo. ¡Qué figura! Parecía como si se casara un monte.

NOVIO.—Yo tengo menos estatura.

CRIADA.—Pero el mismo brillo en los ojos. ¿Y la niña?

NOVIO.—Quitándose la toca.

CRIADA.—¡Ah! Mira. Para la media noche, como no dormiréis, os he preparado jamón, y unas copas grandes de vino antiguo. En la parte baja de la alacena. Por si lo necesitáis.

NOVIO.—(Sonriente.) No como a media noche.

CRIADA.—*(Con malicia.)* Si tú no, la novia. *(Se va.)*
MOZO 1.º—*(Entrando.)* ¡Tienes que beber con nosotros!
NOVIO.—Estoy esperando a la novia.
MOZO 2.º—¡Ya la tendrás en la madrugada!
MOZO 1.º—¡Que es cuando más gusta!
MOZO 2.º—Un momento.
NOVIO.—Vamos.
(Salen. Se oye gran algazara. Sale la Novia. Por el lado opuesto salen dos muchachas corriendo a encontrarla.)
MUCHACHA 1.ª—¿A quién diste el primer alfiler, a mí o a esta?
NOVIA.—No me acuerdo.
MUCHACHA 1.ª—A mí me lo diste aquí.
MUCHACHA 2.ª—A mí delante del altar.
NOVIA.—*(Inquieta y con una gran lucha interior.)* No sé nada.
MUCHACHA 1.ª—Es que yo quisiera que tú...
NOVIA.—*(Interrumpiendo.)* Ni me importa. Tengo mucho que pensar.
MUCHACHA 2.ª—Perdona. (Leonardo *cruza el fondo.*)
NOVIA.—*(Ve a Leonardo.)* Y estos momentos son agitados.
MUCHACHA 1.ª—¡Nosotras no sabemos nada!
NOVIA.—Ya lo sabréis cuando os llegue la hora. Estos pasos son pasos que cuestan mucho.
MUCHACHA 1.ª—¿Te ha disgustado?
NOVIA.—No. Perdonad vosotras.
MUCHACHA 2.ª—¿De qué? Pero los dos alfileres sirven para casarse, ¿verdad?
NOVIA.—Los dos.
MUCHACHA 1.ª—Ahora, que una se casa antes que otra.
NOVIA.—¿Tantas ganas tenéis?
MUCHACHA 2.ª—*(Vergonzosa.)* Sí.
NOVIA.—¿Para qué?
MUCHACHA 1.ª—Pues... *(Abrazando a la segunda.)*

(*Echan a correr las dos. Llega el* Novio *y muy despacio abraza
a la* Novia *por detrás.*)
NOVIA.—(*Con gran sobresalto.*) ¡Quita!
NOVIO.—¿Te asustas de mí?
NOVIA.—¡Ay! ¿Eras tú?
NOVIO.—¿Quién iba a ser? (*Pausa.*) Tu padre o yo.
NOVIA.—¡Es verdad!
NOVIO.—Ahora, que tu padre te hubiera abrazado más
blando.
NOVIA.—(*Sombría.*) ¡Claro!
NOVIO.—(*La abraza fuertemente de modo un poco brusco.*)
Porque es viejo.
NOVIA.—(*Seca.*) ¡Déjame!
NOVIO.—¿Por qué? (*La deja.*)
NOVIA.—Pues... la gente. Pueden vernos. (*Vuelve a cruzar
el fondo la* Criada, *que no mira a los novios.*)
NOVIO.—¿Y qué? Ya es sagrado.
NOVIA.—Sí, pero déjame... Luego.
NOVIO.—¿Qué tienes? ¡Estás como asustada!
NOVIA.—No tengo nada. No te vayas. (*Sale la mujer de* Leo-
nardo.)
MUJER.—No quiero interrumpir.
NOVIO.—Dime.
MUJER.—¿Pasó por aquí mi marido?
NOVIO.—No.
MUJER.—Es que no lo encuentro, y el caballo no está tam-
poco en el establo.
NOVIO.—(*Alegre.*) Debe estar dándole una carrera. (*Se va
la* Mujer *inquieta. Sale la* Criada.)
CRIADA.—¿No andáis satisfechos de tanto saludo?
NOVIO.—Ya estoy deseando que esto acabe. La novia está
un poco cansada.

CRIADA.—¿Qué es eso, niña?

NOVIA.—¡Tengo como un golpe en las sienes!

CRIADA.—Una novia de estos montes debe ser fuerte. *(Al*
Novio)*: Tú eres el único que la puedes curar, porque tuya es.
(Sale corriendo.)

NOVIO.—*(Abrazándola.)* Vamos un rato al baile. *(La besa.)*

NOVIA.—*(Angustiada.)* No. Quisiera echarme en la cama
un poco.

NOVIO.—Yo te haré compañía.

NOVIA.—¡Nunca! ¿Con toda la gente aquí? ¿Qué dirían?
Déjame sosegar un momento.

NOVIO.—¡Lo que quieras! ¡Pero no estés así por la noche!

NOVIA.—*(En la puerta.)* A la noche estaré mejor.

NOVIO.—¡Que es lo que yo quiero! *(Aparece la Madre.)*

MADRE.—Hijo.

NOVIO.—¿Dónde anda usted?

MADRE.—En todo ese ruido. ¿Estás contento?

NOVIO.—Sí.

MADRE.—¿Y tu mujer?

NOVIO.—Descansa un poco. ¡Mal día para las novias!

MADRE.—¿Mal día? El único bueno. Para mí fue como una
herencia. *(Entra la* Criada *y se dirige al cuarto de la* Novia.*)* [24] Es
la roturación de las tierras, la plantación de árboles nuevos.

NOVIO.—¿Usted se va a ir?

MADRE.—Sí. Yo tengo que estar en mi casa.

NOVIO.—Sola.

MADRE.—Sola no. Que tengo la cabeza llena de cosas y de
hombres y de luchas.

---

[24] La agitación de la Criada delata sus sospechas. Por algo es la única
que ha presenciado la conversación entre la Novia y Leonardo, en el primer
cuadro del acto segundo.

NOVIO.—Pero luchas que ya no son luchas.

(Sale la Criada rápidamente; desaparece corriendo por el fondo.)

MADRE.—Mientras una vive, lucha.

NOVIO.—¡Siempre la obedezco!

MADRE.—Con tu mujer procura estar cariñoso, y si la notaras infatuada o arisca, hazle una caricia que le produzca un poco de daño, un abrazo fuerte, un mordisco y luego un beso suave. Que ella no pueda disgustarse, pero que sienta que tú eres el macho, el amo, el que manda. Así aprendí de tu padre. Y como no lo tienes, tengo que ser yo la que te enseñe estas fortalezas.

NOVIO.—Yo siempre haré lo que usted mande.

PADRE.—*(Entrando.)* ¿Y mi hija?

NOVIO.—Está dentro.

MUCHACHA 1.ª—¡Vengan los novios, que vamos a bailar la rueda!

MOZO 1.º—*(Al Novio.)* Tú la vas a dirigir.

PADRE.—*(Saliendo.)* ¡Aquí no está!

NOVIO.—¿No?

PADRE.—Debe haber subido a la baranda.

NOVIO.—¡Voy a ver! *(Entra.)*

(Se oye algazara y guitarras.)

MUCHACHA 1.ª—¡Ya han empezado! *(Sale.)*

NOVIO.—*(Saliendo.)* No está.

MADRE.—*(Inquieta.)* ¿No?

PADRE.—¿Y adónde pudo haber ido?

CRIADA.—*(Entrando.)* ¿Y la niña, dónde está?

MADRE.—*(Seria.)* No lo sabemos.

(Sale el Novio. Entran tres invitados.)

PADRE.—*(Dramático.)* Pero ¿no está en el baile?

CRIADA.—En el baile no está,

PADRE.—*(Con arranque.)* Hay mucha gente. ¡Mirad!

CRIADA.—¡Ya he mirado!

PADRE.—*(Trágico.)* ¿Pues dónde está?

NOVIO.—*(Entrando.)* Nada. En ningún sitio.

MADRE.—*(Al Padre.)* ¿Qué es esto? ¿Dónde está tu hija? *(Entra la mujer de Leonardo.)*

MUJER.—¡Han huido! ¡Han huido! Ella y Leonardo. En el caballo. ¡Iban abrazados, como una exhalación!

PADRE.—¡No es verdad! ¡Mi hija, no!

MADRE.—¡Tu hija, sí! Planta de mala madre, y él, también él. ¡Pero ya es la mujer de mi hijo!

NOVIO.—*(Entrando.)* ¡Vamos detrás! ¿Quién tiene un caballo?

MADRE.—¿Quién tiene un caballo ahora mismo, quién tiene un caballo? Que le daré todo lo que tengo, mis ojos y hasta mi lengua

VOZ.—Aquí hay uno.

MADRE.—*(Al hijo.)* ¡Anda! ¡Detrás! *(Sale con dos mozos.)* No. No vayas. Esa gente mata pronto y bien...; ¡pero sí, corre, y yo detrás!

PADRE.—No será ella. Quizá se haya tirado al aljibe.

MADRE.—Al agua se tiran las honradas, las limpias; ¡esa, no! Pero ya es mujer de mi hijo. Dos bandos. Aquí hay dos bandos. *(Entran todos.)* Mi familia y la tuya. Salid todos de aquí. Limpiarse el polvo de los zapatos. Vamos a ayudar a mi hijo. *(La gente se separa en dos grupos.)* Porque tiene gente; que son sus primos del mar y todos los que llegan de tierra adentro. ¡Fuera de aquí! Por todos los caminos. Ha llegado otra vez la hora de la sangre. Dos bandos. Tú con el tuyo y yo con el mío. ¡Atrás! ¡Atrás!

TELÓN

ACTO TERCERO

CUADRO PRIMERO

Bosque. Es de noche. Grandes troncos húmedos. Ambiente oscuro.
Se oyen dos violines.

(Salen tres Leñadores.)

LEÑADOR 1.º—¿Y los han encontrado?

LEÑADOR 2.º—No. Pero los buscan por todas partes.

LEÑADOR 3.º—Ya darán con ellos.

LEÑADOR 2.º—¡Chissss!

LEÑADOR 3.º—¿Qué?

LEÑADOR 2.º—Parece que se acercan por todos los caminos a la vez

LEÑADOR 1.º—Cuando salga la luna los verán.

LEÑADOR 2.º—Debían dejarlos.

LEÑADOR 1.º—El mundo es grande. Todos pueden vivir en él.

LEÑADOR 3.º—Pero los matarán.

LEÑADOR 2.º—Hay que seguir la inclinación; han hecho bien en huir.

LEÑADOR 1.º—Se estaban engañando uno a otro y al fin la sangre pudo más.

LEÑADOR 3.º—¡La sangre!

LEÑADOR 1.º—Hay que seguir el camino de la sangre.

LEÑADOR 2.º—Pero sangre que ve la luz se la bebe la tierra.

LEÑADOR 1.º—¿Y qué? Vale más ser muerto desangrado que vivo con ella podrida.

LEÑADOR 3.º—Callar

LEÑADOR 1.º—¿Qué? ¿Oyes algo?

LEÑADOR 3.º—Oigo los grillos, las ranas, el acecho de la noche.

LEÑADOR 1.º—Pero el caballo no se siente.

LEÑADOR 3.º—No.

LEÑADOR 1.º—Ahora la estará queriendo.

LEÑADOR 2.º—El cuerpo de ella era para él y el cuerpo de él para ella.

LEÑADOR 3.º—Los buscan y los matarán.

LEÑADOR 1.º—Pero ya habrán mezclado sus sangres y serán como dos cántaros vacíos, como dos arroyos secos.

LEÑADOR 2.º—Hay muchas nubes y será fácil que la luna no salga.

LEÑADOR 3.º—El novio los encontrará con luna o sin luna. Yo lo vi salir. Como una estrella furiosa. La cara color ceniza. Expresaba el sino de su casta.

LEÑADOR 1.º—Su casta de muertos en mitad de la calle.

LEÑADOR 2.º—¡Eso es!

LEÑADOR 3.º—¿Crees que ellos lograrán romper el cerco?

LEÑADOR 2.º—Es difícil. Hay cuchillos y escopetas a diez leguas a la redonda.

LEÑADOR 3.º—Él lleva un buen caballo.

LEÑADOR 2.º—Pero lleva una mujer.

LEÑADOR 1.º—Ya estamos cerca.
LEÑADOR 2.º—Un árbol de cuarenta ramas. Lo cortaremos pronto.
LEÑADOR 3.º—Ahora sale la luna. Vamos a darnos prisa.
(Por la izquierda surge una claridad.)
LEÑADOR 1.º— ¡Ay luna que sales!
    Luna de las hojas grandes.
LEÑADOR 2.º— ¡Llena de jazmines la sangre!
LEÑADOR 1.º— ¡Ay luna sola!
    ¡Luna de las verdes hojas!
LEÑADOR 2.º—Plata en la cara de la novia.
LEÑADOR 3.º— ¡Ay luna mala!
    Deja para el amor la oscura rama.
LEÑADOR 1.º— ¡Ay triste luna!
    ¡Deja para el amor la rama oscura!
(Salen. Por la claridad de la izquierda aparece la Luna. La Luna es un leñador joven con la cara blanca. La escena adquiere un vivo resplandor azul.)
LUNA [25].—   Cisne redondo en el río,
    ojo de las catedrales,
    alba fingida en las hojas
    soy; ¡no podrán escaparse!
    ¿Quién se oculta? ¿Quién solloza
    por la maleza del valle?
    La luna deja un cuchillo
    abandonado en el aire,
    que siendo acecho de plomo

---

[25] Adviértase, en el bellísimo romance que sigue, cómo la tensión lírica se acerca a la atmósfera de *Romancero gitano*. Allí aparece con frecuencia la luna y queda retratada en arranques metafóricos como el presente: «Ajo de agónica plata, / la luna menguante pone (...)» en «Muerto de amor». La relación entre la luna y la muerte es constante en toda la obra lírica lorquiana.

quiere ser dolor de sangre.
¡Dejadme entrar! ¡Vengo helada
por paredes y cristales!
¡Abrir tejados y pechos
donde pueda calentarme!
¡Tengo frío! Mis cenizas
de soñolientos metales,
buscan la cresta del fuego
por los montes y las calles.
Pero me lleva la nieve
sobre su espalda de jaspe,
y me anega, dura y fría,
el agua de los estanques.
Pues esta noche tendrán
mis mejillas roja sangre,
y los juncos agrupados
en los anchos pies del aire.
¡No haya sombra ni emboscada,
que no puedan escaparse!
¡Que quiero entrar en un pecho
para poder calentarme!
¡Un corazón para mí!
¡Caliente!, que se derrame
por los montes de mi pecho;
dejadme entrar, ¡ay, dejadme!
(A las ramas.)
No quiero sombras. Mis rayos
han de entrar en todas partes,
y haya en los troncos oscuros
un rumor de claridades,
para que esta noche tengan
mis mejillas dulce sangre,

y los juncos agrupados
en los anchos pies del aire.
¿Quién se oculta? ¡Afuera digo!
¡No! ¡No podrán escaparse!
Yo haré lucir al caballo
una fiebre de diamante.

(Desaparece entre los troncos, y vuelve la escena a su luz oscura. Sale una anciana totalmente cubierta por tenues paños verdeoscuro. Lleva los pies descalzos. Apenas si se le verá el rostro entre los pliegues. Este personaje no figura en el reparto 26.*)*

MENDIGA.—Esa luna se va, y ellos se acercan.
De aquí no pasan. El rumor del río
apagará con el rumor de troncos
el desgarrado vuelo de los gritos.
Aquí ha de ser, y pronto. Estoy cansada.
Abren los cofres, y los blancos hilos
aguardan por el suelo de la alcoba
cuerpos pesados con el cuello herido.
No se despierte un pájaro y la brisa,
recogiendo en su falda los gemidos,
huya con ellos por las negras copas
o los entierre por el blando limo.

(Impaciente.)
¡Esa luna, esa luna!
(Aparece la Luna. Vuelve la luz azul intensa.)

---

26 En el reparto aparece «la Muerte (como mendiga)». El autor debió completar el manuscrito después de escribir esta acotación. Adviértase la complicidad entre la Luna y la Mendiga, que han sido interpretadas como dos manifestaciones de la misma fatalidad. Pese a ello, la Luna habla desde cierta desvalidez que necesita la sangre de los perseguidos —«para poder calentarme»—, mientras que la Mendiga lleva la iniciativa del desenlace trágico.

LUNA.— Ya se acercan.
Unos por la cañada y el otro por el río.
Voy a alumbrar las piedras. ¿Qué necesitas?
MENDIGA.— Nada.
LUNA.—El aire va llegando duro, con doble filo.
MENDIGA.—Ilumina el chaleco y aparta los botones,
que después las navajas ya saben el camino.
LUNA.—Pero que tarden mucho en morir. Que la sangre
me ponga entre los dedos su delicado silbo.
¡Mira que ya mis valles de ceniza despiertan
en ansia de esta fuente de chorro estremecido!
MENDIGA.—No dejemos que pasen el arroyo. ¡Silencio!
LUNA.—¡Allí vienen! (Se va. Queda la escena oscura.)
MENDIGA.—De prisa. Mucha luz. ¿Me has oído?
¡No pueden escaparse!
(Entran el Novio y Mozo 1.º La Mendiga se sienta y se tapa
con el manto.)
NOVIO.—Por aquí.
MOZO 1.º—No los encontrarás.
NOVIO.—(Enérgico.) ¡Sí los encontraré!
MOZO 1.º—Creo que se han ido por otra vereda.
NOVIO.—No. Yo sentí hace un momento el galope.
MOZO 1.º—Sería otro caballo.
NOVIO.—(Dramático.) Oye. No hay más que un caballo en
el mundo, y es este. ¿Te has enterado? Si me sigues, sígueme
sin hablar.
MOZO 1.º—Es que quisiera...
NOVIO.—Calla. Estoy seguro de encontrármelos aquí. ¿Ves
este brazo? Pues no es mi brazo. Es el brazo de mi hermano y
el de mi padre y el de toda mi familia que está muerta. Y tiene
tanto poderío, que puede arrancar este árbol de raíz si quiere.
Y vamos pronto, que siento los dientes de todos los míos cla-

vados aquí de una manera que se me hace imposible respirar tranquilo.

MENDIGA.—*(Quejándose.)* ¡Ay!

MOZO 1.º—¿Has oído?

NOVIO.—Vete por ahí y da la vuelta.

MOZO 1.º—Esto es una caza.

NOVIO.—Una caza. La más grande que se puede hacer.

(Se va el MOZO. *El* NOVIO *se dirige rápidamente hacia la izquierda y tropieza con la* MENDIGA. *La muerte.)*

MENDIGA.—¡Ay!

NOVIO.—¿Qué quieres?

MENDIGA.—Tengo frío.

NOVIO.—¿Adónde te diriges?

MENDIGA.—*(Siempre quejándose como una mendiga.)* Allá lejos...

NOVIO.—¿De dónde vienes?

MENDIGA.—De allí..., de muy lejos.

NOVIO.—¿Viste un hombre y una mujer que corrían montados en un caballo?

MENDIGA.—*(Despertándose.)* Espera... *(Lo mira.)* Hermoso galán. *(Se levanta.)* Pero mucho más hermoso si estuviera dormido.

NOVIO.—Dime, contesta, ¿los viste?

MENDIGA.—Espera... ¡Qué espaldas más anchas! ¿Cómo no te gusta estar tendido sobre ellas y no andar sobre las plantas de los pies que son tan chicas?

NOVIO.—*(Zamarreándola.)* ¡Te digo si los viste! ¿Han pasado por aquí?

MENDIGA.—*(Enérgica.)* No han pasado; pero están saliendo de la colina. ¿No los oyes?

NOVIO.—No.

MENDIGA.—¿Tú no conoces el camino?

NOVIO.—¡Iré sea como sea!
MENDIGA.—Te acompañaré. Conozco esta tierra.
NOVIO.—(*Impaciente.*) ¡Pero vamos! ¿Por dónde?
MENDIGA.—(*Dramática.*) ¡Por allí!

(*Salen rápidos. Se oyen lejanos dos violines que expresan el bosque. Vuelven los Leñadores. Llevan las hachas al hombro. Pasan lentos entre los troncos.*)

LEÑADOR 1.º—¡Ay muerte que sales!
      Muerte de las hojas grandes.
LEÑADOR 2.º—¡No abras el chorro de la sangre!
LEÑADOR 1.º—¡Ay muerte sola!
      Muerte de las secas hojas.
LEÑADOR 3.º—¡No cubras de flores la boda!
LEÑADOR 2.º—¡Ay triste muerte!
      Deja para el amor la rama verde.
LEÑADOR 1.º—¡Ay muerte mala!
      ¡Deja para el amor la verde rama!

(*Van saliendo mientras hablan. Aparecen* Leonardo *y la* Novia.)

LEONARDO.—   ¡Calla!
NOVIA.—   Desde aquí yo me iré sola.
          ¡Vete! Quiero que te vuelvas.
LEONARDO.—   ¡Calla, digo!
NOVIA.—   Con los dientes, con las manos, como puedas,
          quita de mi cuello honrado
          el metal de esta cadena,
          dejándome arrinconada
          allá en mi casa de tierra.
          Y si no quieres matarme
          como a víbora pequeña,

pon en mis manos de novia
el cañón de la escopeta.
¡Ay, qué lamento, qué fuego
me sube por la cabeza!
¡Qué vidrios se me clavan en la lengua!

LEONARDO.— Ya dimos el paso; ¡calla!,
porque nos persiguen cerca
te he de llevar conmigo.

NOVIA.— ¡Pero ha de ser a la fuerza!

LEONARDO.— ¿A la fuerza? ¿Quién bajó
primero las escaleras?

NOVIA.— Yo las bajé.

LEONARDO.— ¿Quién le puso
al caballo bridas nuevas?

NOVIA.— Yo misma. Verdá [27].

LEONARDO.— ¿Y qué manos
me calzaron las espuelas?

NOVIA.— Estas manos, que son tuyas,
pero que al verte quisieran
quebrar las ramas azules
y el murmullo de tus venas.
¡Te quiero! ¡Te quiero! ¡Aparta!
Que si matarte pudiera,
te pondría una mortaja
con los filos de violetas.
¡Ay, qué lamento, qué fuego
me sube por la cabeza!

[27] Mantenemos la grafía próxima a la transcripción fonética del habla andaluza. Lorca debió de utilizarla consciente de su función en el ritmo del verso, que se rompería con la «d» final.

LEONARDO.— ¡Qué vidrios se me clavan en la lengua!
Porque yo quise olvidar
y puse un muro de piedra
entre tu casa y la mía.
Es verdad. ¿No lo recuerdas?
Y cuando te vi de lejos
me eché en los ojos arena.
Pero montaba a caballo
y el caballo iba a tu puerta.
Con alfileres de plata
mi sangre se puso negra,
y el sueño me fue llenando
las carnes de mala hierba.
Que yo no tengo la culpa,
que la culpa es de la tierra
y de ese olor que te sale
de los pechos y las trenzas [28].

NOVIA.— ¡Ay qué sinrazón! No quiero
contigo cama ni cena,
y no hay minuto del día
que estar contigo no quiera,
porque me arrastras y voy,
y me dices que me vuelva

---

[28] Debe tenerse en cuenta que, en diálogos como este, la coherencia sicológica de los personajes queda supeditada a la intensidad lírico-dramática del momento y no corresponde exactamente a la que hemos podido observar en las escenas más próximas al realismo. Aun así, de esta escena tan brillante debe retenerse el protagonismo mítico del amor que arrastra a los personajes a pesar de sus intenciones. El caballo se asocia al amor y a la libertad, tanto con la connotación de inocencia (animal sin malicia) como con la de ceguera ante la muerte (que no prevé ni teme, y hacia la que arrastrará a los amantes).

y te sigo por el aire
como una brizna de hierba.
He dejado a un hombre duro
y a toda su descendencia
en la mitad de la boda
y con la corona puesta
Para ti será el castigo
y no quiero que lo sea.
¡Déjame sola! ¡Huye tú!
No hay nadie que te defienda.
LEONARDO.— Pájaros de la mañana
por los árboles se quiebran.
La noche se está muriendo
en el filo de la piedra.
Vamos al rincón oscuro,
donde yo siempre te quiera,
que no me importa la gente,
ni el veneno que nos echa.
(La abraza fuertemente.)
NOVIA.— Y yo dormiré a tus pies
para guardar lo que sueñas.
Desnuda, mirando al campo,
(Dramática.)
como si fuera una perra,
¡porque eso soy! Que te miro
y tu hermosura me quema.
LEONARDO.— Se abrasa lumbre con lumbre.
La misma llama pequeña
mata dos espigas juntas.
¡Vamos!
(La arrastra.)
NOVIA.— ¿Adónde me llevas?

[127]

LEONARDO.— Adonde no puedan ir
estos hombres que nos cercan.
¡Donde yo pueda mirarte!
NOVIA.—*(Sarcástica.)* Llévame de feria en feria,
dolor de mujer honrada,
a que las gentes me vean
con las sábanas de boda
al aire, como banderas.
LEONARDO.— También yo quiero dejarte
si pienso como se piensa.
Pero voy donde tú vas.
Tú también. Da un paso. Prueba.
Clavos de luna nos funden
mi cintura y tus caderas.
(Toda esta escena es violenta, llena de gran sensualidad.)
NOVIA.— ¿Oyes?
LEONARDO.— Viene gente.
NOVIA.— ¡Huye!
Es justo que yo aquí muera
con los pies dentro del agua,
espinas en la cabeza.
Y que me lloren las hojas,
mujer perdida y doncella.
LEONARDO.— Cállate. Ya suben.
NOVIA.— ¡Vete!
LEONARDO.— Silencio. Que no nos sientan.
Tú delante. ¡Vamos, digo!
(Vacila la Novia.)
NOVIA.— ¡Los dos juntos!
LEONARDO.—*(Abrazándola.)* ¡Como quieras!
Si nos separan, será
porque esté muerto.

NOVIA.—Y yo muerta.

(*Salen abrazados.*)

(*Aparece la Luna muy despacio. La escena adquiere una fuerte luz azul. Se oyen los dos violines. Bruscamente se oyen dos largos gritos desgarrados, y se corta la música de los violines. Al segundo grito aparece la Mendiga y queda de espaldas. Abre el manto y queda en el centro como un gran pájaro de alas inmensas. La Luna se detiene. El telón baja en medio de un silencio absoluto.*)

TELÓN

CUADRO ÚLTIMO

Habitación blanca con arcos y gruesos muros. A la derecha y a la izquierda escaleras blancas. Gran arco al fondo y pared del mismo color. El suelo será también de un blanco reluciente. Esta habitación simple tendrá un sentido monumental de iglesia. No habrá ni un gris, ni una sombra, ni siquiera lo preciso para la perspectiva.

(Dos muchachas vestidas de azul oscuro están devanando una madeja roja.)

MUCHACHA 1.ª—Madeja, madeja,
   ¿qué quieres hacer?
MUCHACHA 2.ª—Jazmín de vestido,
   cristal de papel.
   Nacer a las cuatro,
   morir a las diez.
   Ser hilo de lana,
   cadena a tus pies
   y nudo que apriete
   amargo laurel.
NIÑA.—*(Cantando.)* ¿Fuisteis a la boda?
MUCHACHA 1.ª—No.

NIÑA.— ¡Tampoco fui yo!
¿Qué pasaría
por los tallos de las viñas?
¿Qué pasaría
por el ramo de la oliva?
¿Qué pasó
que nadie volvió?
¿Fuisteis a la boda?

MUCHACHA 2.ª—Hemos dicho que no.

NIÑA.—*(Yéndose.)* ¡Tampoco fui yo!

MUCHACHA 2.ª—Madeja, madeja,
¿qué quieres cantar?

MUCHACHA 1.ª—Heridas de cera,
dolor de arrayán [29].
Dormir la mañana,
de noche velar.

NIÑA.—*(En la puerta.)* El hilo tropieza
con el pedernal.
Los montes azules
lo dejan pasar.
Corre, corre, corre,
y al fin llegará
a poner cuchillo
y a quitar el pan.

(Se va.)

MUCHACHA 2.ª—Madeja, madeja,
¿qué quieres decir?

MUCHACHA 1.ª—Amante sin habla.
Novio carmesí.

---

[29] *Arrayán:* Planta ornamental (mirto).

Por la orilla muda
tendidos los vi.
(Se detiene mirando la madeja.)
NIÑA.—*(Asomándose a la puerta.)*
Corre, corre, corre,
el hilo hasta aquí.
Cubiertos de barro
los siento venir.
¡Cuerpos estirados,
paños de marfil!
(Se va.)
(Aparecen la Mujer *y la* Suegra *de Leonardo. Llegan angustiadas.)*
MUCHACHA 1.ª—¿Vienen ya?
SUEGRA.—*(Agria.)* No sabemos.
MUCHACHA 2.ª—¿Qué contáis de la boda?
MUCHACHA 1.ª— Dime.
SUEGRA.—*(Seca.)* Nada.
MUJER.—Quiero volver para saberlo todo.
SUEGRA.—*(Enérgica.)* Tú, a tu casa.
Valiente y sola en tu casa.
A envejecer y a llorar.
Pero la puerta cerrada.
Nunca. Ni muerto ni vivo.
Clavaremos las ventanas.
Y vengan lluvias y noches
sobre las hierbas amargas [30].

---

[30] Obsérvese la semejanza que guarda este preludio del final luctuoso con las últimas palabras de *La casa de Bernarda Alba*.

MUJER.—   ¿Qué habrá pasado?
SUEGRA.—   No importa.
                  Échate un velo en la cara.
                  Tus hijos son hijos tuyos
                  nada más. Sobre la cama
                  pon una cruz de ceniza
                  donde estuvo su almohada.
(Salen.)
MENDIGA.—(A la puerta.) Un pedazo de pan, muchachas.
NIÑA.—   ¡Vete!
(Las muchachas se agrupan.)
MENDIGA.—¿Por qué?
NIÑA.—   Porque tú gimes: vete.

MUCHACHA 1.ª—   ¡Niña!
MENDIGA.—   ¡Pude pedir tus ojos! Una nube
                  de pájaros me sigue; ¿quieres uno?
NIÑA.—   ¡Yo me quiero marchar!
MUCHACHA 2.ª—(A la Mendiga.) ¡No le hagas caso!
MUCHACHA 1.ª—¿Vienes por el camino del arroyo?
MENDIGA.—   ¡Por allí vine!
MUCHACHA 1.ª—(Tímida.) ¿Puedo preguntarte?
MENDIGA.—   Yo los vi; pronto llegan: dos torrentes
                  quietos al fin entre las piedras grandes,
                  dos hombres en las patas del caballo.
                  Muertos en la hermosura de la noche.
(Con delectación.)
                  Muertos, sí, muertos.
MUCHACHA 1.ª—   ¡Calla, vieja, calla!
MENDIGA.—   Flores rotas los ojos, y sus dientes
                  dos puñados de nieve endurecida.

> Los dos cayeron, y la novia vuelve
> teñida en sangre falda y cabellera.
> Cubiertos con dos mantas ellos vienen
> sobre los hombros de los mozos altos.
> Así fue; nada más. Era lo justo.
> Sobre la flor del oro, sucia arena.

(Se va. Las Muchachas inclinan las cabezas y rítmicamente van saliendo.)

MUCHACHA 1.ª—Sucia arena.

MUCHACHA 2.ª—Sobre la flor del oro.

NIÑA.—
> Sobre la flor del oro
> traen a los muertos del arroyo.
> Morenito el uno,
> morenito el otro.
> ¡Qué ruiseñor de sombra vuela y gime
> sobre la flor del oro!

(Se va. Queda la escena sola. Aparece la Madre con una Vecina. La Vecina viene llorando.

MADRE.—Calla.

VECINA.—No puedo.

MADRE.—Calla, he dicho. *(En la puerta.)* ¿No hay nadie aquí? *(Se lleva las manos a la frente.)* Debía contestarme mi hijo. Pero mi hijo es ya un brazado de flores secas. Mi hijo es ya una voz oscura detrás de los montes. *(Con rabia a la Vecina.)* ¿Te quieres callar? No quiero llantos en esta casa. Vuestras lágrimas son lágrimas de los ojos nada más, y las mías vendrán cuando yo esté sola, de las plantas de mis pies, de mis raíces, y serán más ardientes que la sangre.

VECINA.—Vente a mi casa; no te quedes aquí.

MADRE.—Aquí. Aquí quiero estar. Y tranquila. Ya todos están muertos. A medianoche dormiré, dormiré sin que ya me aterren la escopeta o el cuchillo. Otras madres se asomarán a las ventanas, azotadas por la lluvia, para ver el rostro de sus hijos. Yo no. Yo haré con mi sueño una fría paloma de marfil que lleve camelias de escarcha sobre el camposanto. Pero no; camposanto no, camposanto no: lecho de tierra, cama que los cobija y que los mece por el cielo. *(Entra una mujer de negro que se dirige a la derecha y allí se arrodilla. A la* Vecina.*)* Quítate las manos de la cara. Hemos de pasar días terribles. No quiero ver a nadie. La tierra y yo. Mi llanto y yo. Y estas cuatro paredes. ¡Ay! ¡Ay! *(Se sienta transida.)*

VECINA.—Ten caridad de ti misma.

MADRE.—*(Echándose el pelo hacia atrás.)* He de estar serena. *(Se sienta.)* Porque vendrán las vecinas y no quiero que me vean tan pobre. ¡Tan pobre! Una mujer que no tiene un hijo siquiera que poderse llevar a los labios. *(Aparece la* Novia. *Viene sin azahar y con un manto negro.)*

VECINA.—*(Viendo a la* Novia, *con rabia.)* ¿Dónde vas?

NOVIA.—Aquí vengo.

MADRE.—*(A la vecina.)* ¿Quién es?

VECINA.—¿No la reconoce?

MADRE.—Por eso pregunto quién es. Porque tengo que no reconocerla, para no clavarle mis dientes en el cuello. ¡Víbora! *(Se dirige hacia la* Novia *con ademán fulminante; se detiene. A la* Vecina.*)* ¿La ves? Está ahí y está llorando, y yo quieta sin arrancarle los ojos. No me entiendo. ¿Será que yo no quería a mi hijo? Pero ¿y su honra? ¿Dónde está su honra? *(Golpea a la* Novia. *Esta cae al suelo)*

VECINA.—¡Por Dios! *(Trata de separarlas.)*

NOVIA.—*(A la* Vecina.*)* Déjala, he venido para que me mate y que me lleven con ellos. *(A la* Madre.*)* Pero no con las manos; con garfios de alambre, con una hoz, y con fuerza, hasta que se rompa en mis huesos. ¡Déjala! Que quiero que sepa que yo soy limpia, que estaré loca, pero que me pueden enterrar sin que ningún hombre se haya mirado en la blancura de mis pechos.

MADRE.—Calla, calla; ¿qué me importa eso a mí?

NOVIA.—¡Porque yo me fui con el otro, me fui! *(Con angustia.)* Tú también te hubieras ido. Yo era una mujer quemada, llena de llagas por dentro y por fuera, y tu hijo era un poquito de agua de la que yo esperaba hijos, tierra, salud; pero el otro era un río oscuro, lleno de ramas, que acercaba a mí el rumor de sus juncos y su cantar entre dientes. Y yo corría con tu hijo que era como un niñito de agua fría y el otro me mandaba cientos de pájaros que me impedían el andar y que dejaban escarcha sobre mis heridas de pobre mujer marchita, de muchacha acariciada por el fuego. Yo no quería. ¡óyelo bien!, yo no quería. ¡Tu hijo era mi fin y yo no lo he engañado, pero el brazo del otro me arrastró como un golpe de mar, como la cabezada de un mulo, y me hubiera arrastrado siempre, siempre, siempre, aunque hubiera sido vieja y todos los hijos de tu hijo me hubiesen agarrado de los cabellos! *(Entra una vecina.)*

MADRE.—Ella no tiene la culpa, ¡ni yo! *(Sarcástica.)* ¿Quién la tiene, pues? ¡Floja, delicada, mujer de mal dormir es quien tira una corona de azahar para buscar un pedazo de cama calentado por otra mujer!

NOVIA.—¡Calla, calla! Véngate de mí; ¡aquí estoy! Mira que mi cuello es blando: te costará menos trabajo que segar una dalia de tu huerto. Pero ¡eso no! Honrada, honrada como una niña recién nacida. Y fuerte para demostrártelo. Enciende la lumbre. Vamos a meter las manos; tú, por tu hijo, yo, por mi cuerpo. La retirarás antes tú. *(Entra otra vecina.)*

MADRE.—Pero ¿qué me importa a mí tu honradez? ¿Qué me importa tu muerte? ¿Qué me importa a mí nada de nada? Benditos sean los trigos, porque mis hijos están debajo de ellos; bendita sea la lluvia, porque moja la cara de los muertos. Ben-

dito sea Dios, que nos tiende juntos para descansar. *(Entra otra vecina.)*
NOVIA.—Déjame llorar contigo.
MADRE.—Llora. Pero en la puerta.
(Entra la Niña. La Novia queda en la puerta. La Madre, en el centro de la escena.)
MUJER.—*(Entrando y dirigiéndose a la izquierda.)*
Era hermoso jinete,
y ahora montón de nieve.
Corrió ferias y montes
y brazos de mujeres.
Ahora, musgo de noche
le corona la frente.
MADRE.— Girasol de tu madre,
espejo de la tierra.
Que te pongan al pecho
cruz de amargas adelfas [31];
sábana que te cubra
de reluciente seda,
y el agua forme un llanto
entre tus manos quietas.
MUJER.— ¡Ay, qué cuatro muchachos
llegan con hombros cansados!

[31] En la obra lorquiana, con mucha frecuencia, se asocia la adelfa a la muerte. El «Diálogo del Amargo», de *Poema del cante jondo,* comienza: «Amargo. / Las adelfas de mi patio. / Amargo de almendra amarga. / Amargo.» La insistencia en la amargura —y, por proximidad, en la muerte— procede del sabor real de la planta, de la que se cree, popularmente, que es evitada por los animales porque resulta venenosa. Así se comprende —aunque no se justifique demasiado— que la primera versión inglesa de la obra, estrenada en Nueva York en 1934, se titulara *Bitter oleander,* literalmente: *Adelfa amarga.*

NOVIA.— ¡Ay, qué cuatro galanes
traen a la muerte por el aire!
MADRE.— Vecinas.
NIÑA.—*(En la puerta.)* Ya los traen.
MADRE.— Es lo mismo.
La cruz, la cruz.
MUJERES.—Dulces clavos,
dulce cruz,
dulce nombre
de Jesús.
MADRE.— Que la cruz ampare a muertos y vivos.
Vecinas, con un cuchillo,
con un cuchillito,
en un día señalado, entre las dos y las tres,
se mataron los dos hombres del amor.
Con un cuchillo,
con un cuchillito
que apenas cabe en la mano,
pero que penetra fino
por las carnes asombradas,
y que se para en el sitio
donde tiembla enmarañada
la oscura raíz del grito.
NOVIA.— Y esto es un cuchillo,
un cuchillito
que apenas cabe en la mano;
pez sin escamas ni río,
para que un día señalado, entre las dos y las tres,
con este cuchillo
se queden dos hombres duros
con los labios amarillos.

MADRE.— Y apenas cabe en la mano,
  pero que penetra frío
  por las carnes asombradas
  y allí se para, en el sitio
  donde tiembla enmarañada
  la oscura raíz del grito [32].

(Las vecinas, arrodilladas en el suelo, lloran.)

TELÓN

[32] Así acaba la edición que nos parece más fiable (Losada, «Biblioteca contemporánea», Buenos Aires, 1944). Los editores Mario Hernández (Ed. Alianza) y Miguel García Posada (Círculo de Lectores) optan por adjudicar los 27 versos finales a la Madre, siguiendo el arreglo que Lola Membrives propuso a Lorca para el estreno de Buenos Aires (1934), que repitió Margarita Xirgu en Barcelona (1935) y que aparece en la primera edición de Losada (1938). La versión de 1944 ha sido adoptada, con razones que compartimos, por A. del Hoyo (Ed. Aguilar) y por Allen Josephs y Juan Caballero (Cátedra).

La casa
de Bernarda Alba

Drama de mujeres
en los pueblos de España

PERSONAJES

BERNARDA, 60 años.
MARÍA JOSEFA (madre de Bernarda), 80 años.
ANGUSTIAS (hija de Bernarda), 39 años.
MAGDALENA (hija de Bernarda), 30 años.
AMELIA (hija de Bernarda), 27 años.
MARTIRIO (hija de Bernarda), 24 años.
ADELA (hija de Bernarda), 20 años.
CRIADA, 50 años.
LA PONCIA (criada), 60 años.
PRUDENCIA, 50 años.
[MENDIGA con NIÑA.]
MUJERES DE LUTO.
[MUJER 1.ª
MUJER 2.ª
MUJER 3.ª
MUJER 4.ª
MUCHACHA.]

El poeta advierte que estos tres actos tienen la intención de un documental fotográfico.

ACTO PRIMERO

Habitación blanquísima del interior de la casa de Bernarda. Muros gruesos. Puertas en arco con cortinas de yute rematadas con madroños y volantes. Sillas de anea. Cuadros con paisajes inverosímiles de ninfas o reyes de leyenda. Es verano. Un gran silencio umbroso se extiende por la escena. Al levantarse el telón está la escena sola. Se oyen doblar las campanas.

(Sale la Criada.)

CRIADA.—Ya tengo el doble de esas campanas metido entre las sienes.

LA PONCIA.—*(Sale comiendo chorizo y pan.)* Llevan ya más de dos horas de gorigori [1]. Han venido curas de todos los pueblos. La iglesia está hermosa. En el primer responso se desmayó la Magdalena.

CRIADA.—Esa es la que se queda más sola.

PONCIA.—Era a la única que quería el padre. ¡Ay! ¡Gracias a Dios que estamos solas un poquito! Yo he venido a comer.

---

[1] *Gori-gori:* Expresión popular burlesca con la que se remeda el canto gregoriano (en este caso, la misa de difuntos).

CRIADA.—¡Si te viera Bernarda!

PONCIA.—¡Quisiera que ahora, como no come ella, que todas nos muriéramos de hambre! ¡Mandona! ¡Dominanta! ¡Pero se fastidia! Le he abierto la orza de chorizos.

CRIADA.—*(Con tristeza ansiosa.)* ¿Por qué no me das para mi niña, Poncia?

PONCIA.—Entra y llévate también un puñado de garbanzos. ¡Hoy no se dará cuenta!

VOZ.—*(Dentro.)* ¡Bernarda!

PONCIA.—La vieja [2]. ¿Está bien encerrada?

CRIADA.—Con dos vueltas de llave

PONCIA.—Pero debes poner también la tranca. Tiene unos dedos como cinco ganzúas.

VOZ.—¡Bernarda!

PONCIA.—*(A voces.)* ¡Ya viene! *(A la* Criada.*)* Limpia bien todo. Si Bernarda no ve relucientes las cosas, me arrancará los pocos pelos que me quedan.

CRIADA.—¡Qué mujer!

PONCIA.—Tirana de todos los que la rodean. Es capaz de sentarse encima de tu corazón y ver cómo te mueres durante un año sin que se le cierre esa sonrisa fría que lleva en su maldita cara. ¡Limpia, limpia ese vidriado! [3].

CRIADA.—Sangre en las manos tengo de fregarlo todo.

PONCIA.—Ella la más aseada, ella la más decente, ella la más alta. Buen descanso ganó su pobre marido.

(Cesan las campanas.)

CRIADA.—¿Han venido todos sus parientes?

PONCIA.—Los de ella. La gente de él la odia. Vinieron a verlo muerto, y le hicieron la cruz.

---

[2] Se refiere a María Josefa, la madre de Bernarda.
[3] *Vidriado:* Vajilla de loza o barro con barnizado «vítreo».

CRIADA.—¿Hay bastantes sillas?

PONCIA.—Sobran. Que se sienten en el suelo. Desde que murió el padre de Bernarda no han vuelto a entrar las gentes bajo estos techos. Ella no quiere que la vean en su dominio. ¡Maldita sea! [4].

CRIADA.—Contigo se portó bien.

PONCIA.—Treinta años lavando sus sábanas, treinta años comiendo sus sobras, noches en vela cuando tose, días enteros mirando por la rendija para espiar a los vecinos y llevarle el cuento; vida sin secretos una con otra, y sin embargo, ¡maldita sea!, ¡mal dolor de clavo le pinche en los ojos!

CRIADA.—¡Mujer!

PONCIA.—Pero yo soy buena perra: ladro cuando me lo dice y muerdo los talones de los que piden limosna cuando ella me azuza; mis hijos trabajan en sus tierras y ya están los dos casados, pero un día me hartaré.

CRIADA.—Y ese día...

PONCIA.—Ese día me encerraré con ella en un cuarto y le estaré escupiendo un año entero: «Bernarda, por esto, por aquello, por lo otro», hasta ponerla como un lagarto machacado por los niños, que es lo que es ella y toda su parentela. Claro es que no le envidio la vida. Le quedan cinco mujeres, cinco hijas feas, que quitando a Angustias, la mayor, que es la hija del primer marido y tiene dineros, las demás, mucha puntilla bordada, muchas camisas de hilo, pero pan y uvas por toda herencia.

CRIADA.—¡Ya quisiera tener yo lo que ellas!

PONCIA.—Nosotras tenemos nuestras manos y un hoyo en la tierra de la verdad.

---

[4] En esta exposición de precedentes que proporciona la Poncia, obsérvese que la obsesión por el aislamiento viene de lejos.

CRIADA.—Esa es la única tierra que nos dejan a los que no tenemos nada.

PONCIA.—*(En la alacena.)* Este cristal tiene unas motas.

CRIADA.—Ni con el jabón ni con bayeta se le quitan.

(Suenan las campanas.)

PONCIA.—El último responso. Me voy a oírlo. A mí me gusta mucho cómo canta el párroco. En el «Pater noster» subió, subió, subió la voz que parecía un cántaro llenándose de agua poco a poco. ¡Claro es que al final dio un gallo, pero da gloria oírlo! Ahora que nadie como el antiguo sacristán, Tronchapinos [5]. En la misa de mi madre, que esté en gloria, cantó. Retumbaban las paredes, y cuando decía amén era como si un lobo hubiese entrado en la iglesia. *(Imitándolo)* ¡Améééén! *(Se echa a toser.)*

CRIADA.—Te vas a hacer el gaznate polvo.

PONCIA.—¡Otra cosa hacía polvo yo! *(Sale riendo.)*

(La Criada *limpia. Suenan las campanas.)*

CRIADA.—*(Llevando el canto.)* Tin, tin, tan. Tin, tin, tan. ¡Dios lo haya perdonado!

MENDIGA.—*(Con una niña)* ¡Alabado sea Dios!

CRIADA.—Tin, tin, tan. ¡Que nos espere muchos años! Tin, tin, tan.

MENDIGA.—*(Fuerte con cierta irritación.)* ¡Alabado sea Dios!

CRIADA.—*(Irritada.)* ¡Por siempre!

MENDIGA.—Vengo por las sobras.

(Cesan las campanas.)

CRIADA.—Por la puerta se va a la calle. Las sobras de hoy son para mí.

MENDIGA.—Mujer, tú tienes quien te gane. Mi niña y yo estamos solas.

---

[5] Personaje real, sacristán de Granada, famoso por su potente voz.

CRIADA.—También están solos los perros y viven.

MENDIGA.—Siempre me las dan.

CRIADA.—Fuera de aquí. ¿Quién os dijo que entrarais? Ya me habéis dejado los pies señalados. *(Se van. Limpia.)* Suelos barnizados con aceite, alacenas, pedestales, camas de acero, para que traguemos quina las que vivimos en las chozas de tierra con un plato y una cuchara. ¡Ojalá que un día no quedáramos ni uno para contarlo! *(Vuelven a sonar las campanas.)* Sí, sí, ¡vengan clamores!, ¡venga caja con filos dorados y toallas de seda para llevarla!; ¡que lo mismo estarás tú que estaré yo! Fastídiate, Antonio María Benavides, tieso con tu traje de paño y tus botas enterizas [6]. ¡Fastídiate! ¡Ya no volverás a levantarme las enaguas detrás de la puerta de tu corral!

(Por el fondo, de dos en dos, empiezan a entrar mujeres de luto con pañuelos, grandes faldas y abanicos negros. Entran lentamente hasta llenar la escena.)

CRIADA.—*(Rompiendo a gritar.)* ¡Ay Antonio María Benavides, que ya no verás estas paredes, ni comerás el pan de esta casa! Yo fui la que más te quiso de las que te sirvieron. *(Tirándose del cabello.)* ¿Y he de vivir yo después de haberte marchado? ¿Y he de vivir?

(Terminan de entrar las doscientas [7] mujeres y aparece Bernarda y sus cinco hijas. Bernarda viene apoyada en un bastón.)

BERNARDA.—*(A la Criada.)* ¡Silencio!

CRIADA.—*(Llorando.)* ¡Bernarda!

BERNARDA.—Menos gritos y más obras. Debías haber procurado que todo esto estuviera más limpio para recibir al

---

[6] *Enterizas:* De una sola pieza de cuero.
[7] Se trata de una hipérbole evidente. En «Personajes» se anuncian cuatro, y solo cuatro hablan más adelante, pero sin duda Lorca imaginó el multitudinario acompañamiento femenino de los duelos, sobre todo en los pueblos.

duelo. Vete. No es este tu lugar. *(La Criada se va sollozando.)* Los pobres son como los animales. Parece como si estuvieran hechos de otras sustancias.

MUJER 1.ª—Los pobres sienten también sus penas.

BERNARDA.—Pero las olvidan delante de un plato de garbanzos.

MUCHACHA.—*(Con timidez.)* Comer es necesario para vivir.

BERNARDA.—A tu edad no se habla delante de las personas mayores.

MUJER 1.ª—Niña, cállate.

BERNARDA.—No he dejado que nadie me dé lecciones. Sentarse.

(Se sientan. Pausa.)

(Fuerte.) Magdalena, no llores. Si quieres llorar, te metes debajo de la cama. ¿Me has oído?

MUJER 2.ª—*(A Bernarda.)* ¿Habéis empezado los trabajos en la era?

BERNARDA.—Ayer.

MUJER 3.ª—Cae el sol como plomo.

MUJER 1.ª—Hace años no he conocido calor igual.

(Pausa. Se abanican todas.)

BERNARDA.—¿Está hecha la limonada?

PONCIA.—*(Sale con una gran bandeja llena de jarritas blancas, que distribuye.)* Sí, Bernarda.

BERNARDA.—Dale a los hombres.

PONCIA.—La están tomando en el patio.

BERNARDA.—Que salgan por donde han entrado. No quiero que pasen por aquí.

MUCHACHA.—*(A Angustias.)* Pepe el Romano estaba con los hombres del duelo.

ANGUSTIAS.—Allí estaba.

BERNARDA.—Estaba su madre. Ella ha visto a su madre. A Pepe no lo ha visto ni ella ni yo.

MUCHACHA.—Me pareció...

BERNARDA.—Quien sí estaba era el viudo de Darajalí [8]. Muy cerca de tu tía. A ese lo vimos todas.

MUJER 2.ª—*(Aparte y en baja voz.)* ¡Mala, más que mala!

MUJER 3.ª—*(Aparte y en baja voz.)* ¡Lengua de cuchillo!

BERNARDA.—Las mujeres en la iglesia no deben mirar más hombre que al oficiante, y a ese porque tiene faldas. Volver la cabeza es buscar el calor de la pana [9].

MUJER 1.ª—*(En voz baja.)* ¡Vieja lagarta recocida!

PONCIA.—*(Entre dientes.)* ¡Sarmentosa por calentura de varón!

BERNARDA.—*(Dando un golpe de bastón en el suelo.)* Alabado sea Dios.

TODAS.—*(Santiguándose.)* Sea por siempre bendito y alabado.

BERNARDA.—Descansa en paz con la santa
                  compaña de cabecera [10].

TODAS.—   ¡Descansa en paz!

BERNARDA.—Con el ángel San Miguel
                  y su espada justiciera.

TODAS.—   ¡Descansa en paz!

---

[8] Lugar próximo a Fuente Vaqueros, pueblo donde nació el poeta.

[9] De pana era la vestimenta habitual de los hombres de la época y del entorno que refleja la obra.

[10] Esta letanía es la única incursión que Lorca le permite a Bernarda en el mundo de la lírica. «La santa compaña», sin ser extraña en Andalucía y otras zonas, como cortejo de almas en pena, hace referencia directa a Galicia, donde constituye una creencia muy popular. Adviértase la posible cita del ambiente retratado por Valle-Inclán.

BERNARDA.—Con la llave que todo lo abre
y la mano que todo lo cierra.
TODAS.— ¡Descansa en paz!
BERNARDA.—Con los bienaventurados
y las lucecitas del campo.
TODAS.— ¡Descansa en paz!
BERNARDA.—Con nuestra santa caridad
y las almas de tierra y mar.
TODAS.— ¡Descansa en paz!
BERNARDA.—Concede el reposo a tu siervo Antonio María
Benavides y dale la corona de tu santa gloria.
TODAS.—Amén.
BERNARDA.—(*Se pone de pie y canta.*) «Requiem aeternam
dona eis, Domine.»
TODAS.—(*De pie y cantando al modo gregoriano.*) «Et lux
perpetua luceat eis.» (*Se santiguan*) [11].
MUJER 1.ª—Salud para rogar por su alma. (*Van desfilando.*)
MUJER 3.ª—No te faltará la hogaza de pan caliente
MUJER 2.ª—Ni el techo para tus hijas.
(*Van desfilando todas por delante de Bernarda y saliendo. Sale
Angustias por otra puerta, la que da al patio.*)
MUJER 4.ª—El mismo lujo de tu casamiento lo sigas dis-
frutando.
PONCIA.—(*Entrando con una bolsa.*) De parte de los hom-
bres esta bolsa de dineros para responsos.
BERNARDA.—Dales las gracias y échales una copa de aguar-
diente.
MUCHACHA.—(*A Magdalena.*) Magdalena.

---

[11] Se trata de dos versos recurrentes en el responso de la liturgia de difuntos: «Dales, Señor, el descanso eterno, / y que brille para ellos una luz perpetua».

BERNARDA.—*(A Magdalena, que inicia el llanto.)* Chiss. *(Golpea con el bastón.) (Salen todas. A las que se han ido.)* ¡Andar a vuestras cuevas a criticar todo lo que habéis visto! Ojalá tardéis muchos años en pasar el arco de mi puerta.

PONCIA.—No tendrás queja ninguna. Ha venido todo el pueblo.

BERNARDA.—Sí, para llenar mi casa con el sudor de sus refajos y el veneno de sus lenguas.

AMELIA.—¡Madre, no hable usted así!

BERNARDA.—Es así como se tiene que hablar en este maldito pueblo sin río, pueblo de pozos, donde siempre se bebe el agua con el miedo de que esté envenenada.

PONCIA.—¡Cómo han puesto la solería!

BERNARDA.—Igual que si hubiera pasado por ella una manada de cabras. *(La Poncia limpia el suelo.)* Niña, dame un abanico.

ADELA.—Tome usted. *(Le da un abanico redondo con flores rojas y verdes.)*

BERNARDA.—*(Arrojando el abanico al suelo.)* ¿Es este el abanico que se da a una viuda? Dame uno negro y aprende a respetar el luto de tu padre.

MARTIRIO.—Tome usted el mío.

BERNARDA.—¿Y tú?

MARTIRIO.—Yo no tengo calor.

BERNARDA.—Pues busca otro, que te hará falta. En ocho años que dure el luto no ha de entrar en esta casa el viento de la calle. Haceros cuenta que hemos tapiado con ladrillos puertas y ventanas. Así pasó en casa de mi padre y en casa de mi abuelo. Mientras, podéis empezar a bordaros el ajuar. En el arca tengo veinte piezas de hilo con el que podréis cortar sábanas y embozos. Magdalena puede bordarlas [12].

---

[12] Así en todas las ediciones consultadas. La posible contradicción entre que borden todas las hijas o que sólo «pueda» hacerlo Magdalena quizá se re-

MAGDALENA.—Lo mismo me da.

ADELA.—*(Agria.)* Si no quieres bordarlas, irán sin borda-dos. Así las tuyas lucirán más

MAGDALENA.—Ni las mías ni las vuestras. Sé que yo no me voy a casar. Prefiero llevar sacos al molino. Todo menos estar sentada días y días dentro de esta sala oscura.

BERNARDA.—Eso tiene ser mujer.

MAGDALENA.—Malditas sean las mujeres.

BERNARDA.—Aquí se hace lo que yo mando. Ya no puedes ir con el cuento a tu padre. Hilo y aguja para las hembras. Látigo y mula para el varón. Eso tiene la gente que nace con posibles.

(Sale Adela.)

VOZ.—Bernarda, ¡déjame salir!

BERNARDA.—*(En voz alta.)* ¡Dejadla ya!

(Sale la Criada 1.ª)

CRIADA.—Me ha costado mucho trabajo sujetarla. A pesar de sus ochenta años, tu madre es fuerte como un roble.

BERNARDA.—Tiene a quién parecérsele. Mi abuela fue igual.

CRIADA.—Tuve durante el duelo que taparle varias veces la boca con un costal vacío porque quería llamarte para que le dieras agua de fregar siquiera, para beber, y carne de perro, que es lo que ella dice que le das.

MARTIRIO.—Tiene mala intención

BERNARDA.—*(A la Criada.)* Déjala que se desahogue en el patio.

suelva considerando que Magdalena, hija mayor del recién desaparecido, puede enseñar a bordar a sus hermanas menores. Más adelante, Adela dirá que su vestido verde «es lo mejor que ha cortado Magdalena». «Cortar» un vestido en la pieza de tela, no ya coserlo, era una habilidad de costurera especializada. Al comienzo del segundo acto, también corta Angustias, que es aún mayor que Magdalena.

CRIADA.—Ha sacado del cofre sus anillos y los pendientes de amatistas, se los ha puesto y me ha dicho que se quiere casar.

(Las hijas ríen.)

BERNARDA.—Ve con ella y ten cuidado que no se acerque al pozo.

CRIADA.—No tengas miedo que se tire.

BERNARDA.—No es por eso. Pero desde aquel sitio las vecinas pueden verla desde su ventana [13].

(Sale la Criada.)

MARTIRIO.—Nos vamos a cambiar la ropa.

BERNARDA.—Sí, pero no el pañuelo de la cabeza. *(Entra Adela.)* ¿Y Angustias?

ADELA.—*(Con retintín.)* La he visto asomada a la rendija del portón. Los hombres se acababan de ir.

BERNARDA.—¿Y tú a qué fuiste también al portón?

ADELA.—Me llegué a ver si habían puesto las gallinas.

BERNARDA.—¡Pero el duelo de los hombres habría salido ya!

ADELA.—*(Con intención.)* Todavía estaba un grupo parado por fuera.

BERNARDA.—*(Furiosa.)* ¡Angustias! ¡Angustias!

ANGUSTIAS.—*(Entrando.)* ¿Qué manda usted?

BERNARDA.—¿Qué mirabas y a quién?

ANGUSTIAS.—A nadie.

BERNARDA.—¿Es decente que una mujer de tu clase vaya con el anzuelo detrás de un hombre el día de la misa de su padre? ¡Contesta! ¿A quién mirabas?

(Pausa.)

ANGUSTIAS.—Yo...

---

[13] En el patio de la casa de los familiares de Lorca vecinos de los Alba existía realmente un pozo compartido entre las dos fincas.

BERNARDA.—¡Tú!

ANGUSTIAS.—¡A nadie!

BERNARDA.—*(Avanzando con el bastón.)* ¡Suave!, ¡dulzarrona! *(Le da.)*

PONCIA.—*(Corriendo.)* ¡Bernarda, cálmate! *(La sujeta.)* *(Angustias llora.)*

BERNARDA.—¡Fuera de aquí todas!

(Salen.)

PONCIA.—Ella lo ha hecho sin dar alcance a lo que hacía, que está francamente mal. ¡Ya me chocó a mí verla escabullirse hacia el patio! ¡Luego estuvo detrás de una ventana oyendo la conversación que traían los hombres, que como siempre no se puede oír.

BERNARDA.—¡A eso vienen a los duelos! *(Con curiosidad.)* ¿De qué hablaban?

PONCIA.—Hablaban de Paca la Roseta. Anoche ataron a su marido a un pesebre y a ella se la llevaron a la grupa del caballo hasta lo alto del olivar.

BERNARDA.—¿Y ella?

PONCIA.—Ella tan conforme. Dicen que iba con los pechos fuera y Maximiliano la llevaba cogida como si tocara la guitarra. ¡Un horror!

BERNARDA.—¿Y qué pasó?

PONCIA.—Lo que tenía que pasar. Volvieron casi de día. Paca la Roseta traía el pelo suelto y una corona de flores en la cabeza.

BERNARDA.—Es la única mujer mala que tenemos en el pueblo.

PONCIA.—Porque no es de aquí. Es de muy lejos. Y los que fueron con ella son también hijos de forastero. Los hombres de aquí no son capaces de eso.

BERNARDA.—No, pero les gusta verlo y comentarlo, y se chupan los dedos de que esto ocurra.

PONCIA.—Contaban muchas cosas más.

BERNARDA.—*(Mirando a un lado y otro con cierto temor.)* ¿Cuáles?

PONCIA.—Me da vergüenza referirlas.

BERNARDA.—Y mi hija las oyó.

PONCIA.—¡Claro!

BERNARDA.—Esa sale a sus tías; blancas y untosas que ponían ojos de carnero al piropo de cualquier barberillo. ¡Cuánto hay que sufrir y luchar para hacer que las personas sean decentes y no tiren al monte [14] demasiado!

PONCIA.—¡Es que tus hijas están ya en edad de merecer! Demasiada poca guerra te dan. Angustias ya debe tener mucho más de los treinta.

BERNARDA.—Treinta y nueve justos.

PONCIA.—Figúrate. Y no ha tenido nunca novio...

BERNARDA.—*(Furiosa.)* ¡No, no ha tenido novio ninguna, ni les hace falta! Pueden pasarse muy bien.

PONCIA.—No he querido ofenderte.

BERNARDA.—No hay en cien leguas a la redonda quien se pueda acercar a ellas. Los hombres de aquí no son de su clase. ¿Es que quieres que las entregue a cualquier gañán?

PONCIA.—Debías haberte ido a otro pueblo.

BERNARDA.—Eso, ¡a venderlas!

PONCIA.—No, Bernarda, a cambiar... ¡Claro que en otros sitios ellas resultan las pobres!

BERNARDA.—¡Calla esa lengua atormentadora!

PONCIA.—Contigo no se puede hablar. ¿Tenemos o no tenemos confianza?

BERNARDA.—No tenemos. Me sirves y te pago. ¡Nada más!

---

[14] *Tirar al monte:* Desbandarse, apartarse del camino marcado, darse a la vida depravada.

CRIADA.—(*Entrando.*) Ahí está don Arturo, que viene a arreglar las particiones.

BERNARDA.—Vamos. (*A la Criada.*) Tú empieza a blanquear el patio. (*A la Poncia.*) Y tú ve guardando en el arca grande toda la ropa del muerto.

PONCIA.—Algunas cosas las podríamos dar...

BERNARDA.—Nada. ¡Ni un botón! ¡Ni el pañuelo con que le hemos tapado la cara! (*Sale lentamente apoyada en el bastón y al salir vuelve la cabeza y mira a sus* Criadas. *Las* Criadas *salen después.*)

(*Entran* Amelia y Martirio.)

AMELIA.—¿Has tomado la medicina?

MARTIRIO.—¡Para lo que me va a servir!

AMELIA.—Pero la has tomado.

MARTIRIO.—Ya hago las cosas sin fe, pero como un reloj.

AMELIA.—Desde que vino el médico nuevo estás más animada.

MARTIRIO.—Yo me siento lo mismo

AMELIA.—¿Te fijaste? Adelaida no estuvo en el duelo.

MARTIRIO.—Ya lo sabía. Su novio no la deja salir ni al tranco de la calle. Antes era alegre; ahora ni polvos se echa en la cara.

AMELIA.—Ya no sabe una si es mejor tener novio o no.

MARTIRIO.—Es lo mismo.

AMELIA.—De todo tiene la culpa esta crítica que no nos deja vivir. Adelaida habrá pasado mal rato.

MARTIRIO.—Le tienen miedo a nuestra madre. Es la única que conoce la historia de su padre y el origen de sus tierras. Siempre que viene le tira puñaladas con el asunto. Su padre mató en Cuba al marido de su primera mujer para casarse con ella, luego aquí la abandonó y se fue con otra que tenía una hija, y luego tuvo relaciones con esta muchacha, la madre de

Adelaida, y casó con ella después de haber muerto loca la segunda mujer.

AMELIA.—Y ese infame, ¿por qué no está en la cárcel?

MARTIRIO.—Porque los hombres se tapan unos a otros las cosas de esta índole y nadie es capaz de delatar.

AMELIA.—Pero Adelaida no tiene culpa de esto.

MARTIRIO.—No, pero las cosas se repiten. Yo veo que todo es una terrible repetición. Y ella tiene el mismo sino de su madre y de su abuela, mujeres las dos del que la engendró.

AMELIA.—¡Qué cosa más grande!

MARTIRIO.—Es preferible no ver a un hombre nunca. Desde niña les tuve miedo. Los veía en el corral uncir los bueyes y levantar los costales de trigo entre voces y zapatazos, y siempre tuve miedo de crecer por temor de encontrarme de pronto abrazada por ellos. Dios me ha hecho débil y fea y los ha apartado definitivamente de mí.

AMELIA.—¡Eso no digas! Enrique Humanes estuvo detrás de ti y le gustabas.

MARTIRIO.—¡Invenciones de la gente! Una vez estuve en camisa detrás de la ventana hasta que fue de día, porque me avisó con la hija de su gañán que iba a venir, y no vino. Fue todo cosa de lenguas. Luego se casó con otra que tenía más que yo.

AMELIA.—¡Y fea como un demonio!

MARTIRIO.—¡Qué les importa a ellos la fealdad! A ellos les importa la tierra, las yuntas y una perra sumisa que les dé de comer.

AMELIA.—¡Ay!

(Entra Magdalena.)

MAGDALENA.—¿Qué hacéis?

MARTIRIO.—Aquí.

AMELIA.—¿Y tú?

MAGDALENA.—Vengo de correr las cámaras. Por andar un poco. De ver los cuadros bordados en cañamazo de nuestra abuela, el perrito de lanas y el negro luchando con el león, que tanto nos gustaba de niñas. Aquella era una época más alegre. Una boda duraba diez días y no se usaban las malas lenguas. Hoy hay más finura. Las novias se ponen velo blanco como en las poblaciones, y se bebe vino de botella, pero nos pudrimos por el qué dirán.

MARTIRIO.—¡Sabe Dios lo que entonces pasaría!

AMELIA.—(A Magdalena.) ¡Llevas desabrochados los cordones de un zapato.

MAGDALENA.—¡Qué más da!

AMELIA.—¡Te los vas a pisar y te vas a caer!

MAGDALENA.—¡Una menos!

MARTIRIO.—¿Y Adela?

MAGDALENA.—¡Ah! Se ha puesto el traje verde que se hizo para estrenar el día de su cumpleaños, se ha ido al corral y ha comenzado a voces: «¡Gallinas, gallinas, miradme!» ¡Me he tenido que reír!

AMELIA.—¡Si la hubiera visto madre! [15].

MAGDALENA.—¡Pobrecilla! Es la más joven de nosotras y tiene ilusión. ¡Daría algo por verla feliz!

(Pausa. Angustias cruza la escena con unas toallas en la mano.)

ANGUSTIAS.—¿Qué hora es?

MARTIRIO.—Ya deben ser las doce.

ANGUSTIAS.—¿Tanto?

AMELIA.—Estarán al caer.

(Sale Angustias.)

---

[15] El empleo de «madre» sin artículo es todavía frecuente en zonas rurales.

MAGDALENA.—*(Con intención.)* ¿Sabéis ya la cosa?... *(Señalando a Angustias.)*
AMELIA.—No.
MAGDALENA.—¡Vamos!
MARTIRIO.—¡No sé a qué cosa te refieres!...
MAGDALENA.—Mejor que yo lo sabéis las dos, siempre cabeza con cabeza como dos ovejitas, pero sin desahogaros con nadie. ¡Lo de Pepe el Romano!
MARTIRIO.—¡Ah!
MAGDALENA.—*(Remedándola.)* ¡Ah! Ya se comenta por el pueblo. Pepe el Romano viene a casarse con Angustias. Anoche estuvo rondando la casa y creo que pronto va a mandar un emisario.
MARTIRIO.—¡Yo me alegro! Es buen hombre.
AMELIA.—Yo también. Angustias tiene buenas condiciones.
MAGDALENA.—Ninguna de las dos os alegráis.
MARTIRIO.—¡Magdalena! ¡Mujer!
MAGDALENA.—Si viniera por el tipo de Angustias, por Angustias como mujer, yo me alegraría, pero viene por el dinero. Aunque Angustias es nuestra hermana, aquí estamos en familia y reconocemos que está vieja, enfermiza, y que siempre ha sido la que ha tenido menos mérito de todas nosotras, porque si con veinte años parecía un palo vestido, ¡qué será ahora que tiene cuarenta!
MARTIRIO.—No hables así. La suerte viene a quien menos la aguarda.
AMELIA.—¡Después de todo dice la verdad! Angustias tiene el dinero de su padre, es la única rica de la casa y por eso, ahora que nuestro padre ha muerto y ya se harán particiones, vienen por ella.
MAGDALENA.—Pepe el Romano tiene veinticinco años y es el mejor tipo de todos estos contornos. Lo natural sería que te pretendiera a ti, Amelia, o a nuestra Adela, que tiene veinte

años, pero no que venga a buscar lo más oscuro de esta casa, a una mujer que como su padre habla con la nariz.

MARTIRIO.—¡Puede que a él le guste!

MAGDALENA.—¡Nunca he podido resistir tu hipocresía!

MARTIRIO.—¡Dios nos valga!

(*Entra* Adela.)

MAGDALENA.—¿Te han visto ya las gallinas?

ADELA.—¿Y qué querías que hiciera?

AMELIA.—¡Si te ve nuestra madre, te arrastra del pelo!

ADELA.—Tenía mucha ilusión con el vestido. Pensaba ponérmelo el día que vamos a comer sandías a la noria. No hubiera habido otro igual.

MARTIRIO.—¡Es un vestido precioso!

ADELA.—Y me está muy bien. Es lo que mejor ha cortado Magdalena.

MAGDALENA.—¿Y las gallinas qué te han dicho?

ADELA.—Regalarme unas cuantas pulgas que me han acribillado las piernas.

(*Ríen.*)

MARTIRIO.—Lo que puedes hacer es teñirlo de negro.

MAGDALENA.—¡Lo mejor que puede hacer es regalárselo a Angustias para su boda con Pepe el Romano!

ADELA.—(*Con emoción contenida.*) ¡Pero Pepe el Romano...!

AMELIA.—¿No lo has oído decir?

ADELA.—No.

MAGDALENA.—¡Pues ya lo sabes!

ADELA.—¡Pero si no puede ser!

MAGDALENA.—¡El dinero lo puede todo!

ADELA.—¿Por eso ha salido detrás del duelo y estuvo mirando por el portón? (*Pausa.*) Y ese hombre es capaz de...

MAGDALENA.—Es capaz de todo.

(*Pausa.*)

MARTIRIO.—¿Qué piensas, Adela?

ADELA.—Pienso que este luto me ha cogido en la peor época de mi vida para pasarlo.

MAGDALENA.—Ya te acostumbrarás.

ADELA.—*(Rompiendo a llorar con ira.)* ¡No, no me acostumbraré! Yo no quiero estar encerrada. No quiero que se me pongan las carnes como a vosotras. ¡No quiero perder mi blancura en estas habitaciones! ¡Mañana me pondré mi vestido verde y me echaré a pasear por la calle! ¡Yo quiero salir!

(Entra la Criada.)

MAGDALENA.—*(Autoritaria.)* ¡Adela!

CRIADA.—¡La pobre! ¡Cuánto ha sentido a su padre! *(Sale.)*

MARTIRIO.—¡Calla!

AMELIA.—Lo que sea de una será de todas.

(Adela *se calma.*)

MAGDALENA.—Ha estado a punto de oírte la criada.

CRIADA.—*(Apareciendo.)* Pepe el Romano viene por lo alto de la calle.

(Amelia, Martirio y Magdalena *corren presurosas.*)

MAGDALENA.—¡Vamos a verlo!

(Salen rápidas.)

CRIADA.—*(A Adela.)* ¿Tú no vas?

ADELA.—No me importa.

CRIADA.—Como dará la vuelta a la esquina, desde la ventana de tu cuarto se verá mejor. *(Sale la Criada.)*

(Adela *queda en escena dudando. Después de un instante se va también rápida hacia su habitación. Salen* Bernarda y la Poncia.)

BERNARDA.—¡Malditas particiones!

PONCIA.—¡¡Cuánto dinero le queda a Angustias!!

BERNARDA.—Sí.

PONCIA.—Y a las otras bastante menos.

BERNARDA.—Ya me lo has dicho tres veces y no te he querido replicar. Bastante menos, mucho menos. No me lo recuerdes más.

(*Sale* Angustias *muy compuesta de cara.*)

BERNARDA.—¡Angustias!

ANGUSTIAS.—Madre.

BERNARDA.—¿Pero has tenido valor de echarte polvos en la cara? ¿Has tenido valor de lavarte la cara el día de la misa de tu padre?

ANGUSTIAS.—No era mi padre. El mío murió hace tiempo. ¿Es que ya no lo recuerda usted?

BERNARDA.—¡Más debes a este hombre, padre de tus hermanas, que al tuyo! Gracias a este hombre tienes colmada tu fortuna.

ANGUSTIAS.—¡Eso lo teníamos que ver!

BERNARDA.—¡Aunque fuera por decencia! Por respeto.

ANGUSTIAS.—Madre, déjeme usted salir.

BERNARDA.—¿Salir? Después que te haya quitado esos polvos de la cara. ¡Suavona!, ¡yeyo [16]!, ¡espejo de tus tías! (*Le quita violentamente con su pañuelo los polvos.*) ¡Ahora vete!

PONCIA.—¡Bernarda, no seas tan inquisitiva!

BERNARDA.—Aunque mi madre esté loca, yo estoy con mis cinco sentidos y sé perfectamente lo que hago.

(*Entran todas.*)

MAGDALENA.—¿Qué pasa?

BERNARDA.—No pasa nada.

MAGDALENA.—(*A Angustias.*) Si es que discutís por las particiones, tú, que eres la más rica, te puedes quedar con todo.

ANGUSTIAS.—¡Guárdate la lengua en la madriguera!

---

[16] *Yeyo:* Palabra existente, al parecer, solo en la intimidad de la familia Lorca, que significaba «mujer muy pintada y ridícula, adefesio».

BERNARDA.—(*Golpeando con el bastón en el suelo.*) ¡No os hagáis ilusiones de que vais a poder conmigo! ¡Hasta que salga de esta casa con los pies adelante mandaré en lo mío y en lo vuestro!

(*Se oyen unas voces y entra en escena* María Josefa, *la madre de* Bernarda, *viejísima, ataviada con flores en la cabeza y en el pecho*)

MARÍA JOSEFA.—Bernarda, ¿dónde está mi mantilla? Nada de lo que tengo quiero que sea para vosotras, ni mis anillos, ni mi traje negro de moaré [17], porque ninguna de vosotras se va a casar. ¡Ninguna! ¡Bernarda, dame mi gargantilla de perlas!

BERNARDA.—(*A la* Criada.) ¿Por qué la habéis dejado entrar?

CRIADA.—(*Temblando.*) ¡Se me escapó!

MARÍA JOSEFA.—Me escapé porque me quiero casar, porque quiero casarme con un varón hermoso de la orilla del mar, ya que aquí los hombres huyen de las mujeres.

BERNARDA.—¡Calle usted, madre!

MARÍA JOSEFA.—No, no callo. No quiero ver a estas mujeres solteras, rabiando por la boda, haciéndose polvo el corazón, y yo me quiero ir a mi pueblo. ¡Bernarda, yo quiero un varón para casarme y tener alegría!

BERNARDA.—¡Encerradla!

MARÍA JOSEFA.—Déjame salir, Bernarda.

(*La* Criada *coge a* María Josefa.)

BERNARDA.—¡Ayudarla vosotras!

(*Todas arrastran a la vieja*)

MARÍA JOSEFA.—¡Quiero irme de aquí! ¡Bernarda! A casarme a la orilla del mar, a la orilla del mar [18].

TELÓN RÁPIDO

[17] *Moaré:* Raso fuerte que forma aguas.
[18] Tanto la aparición intempestiva de María Josefa como la insistencia en el mar subrayan en este final de acto la añoranza de libertad y de alegría.

ACTO SEGUNDO

Habitación blanca del interior de la casa de Bernarda. *Las puertas de la izquierda dan a los dormitorios. Las hijas de* Bernarda *están sentadas en sillas bajas, cosiendo,* Magdalena *borda. Con ellas está la* Poncia.

ANGUSTIAS.—Ya he cortado la tercera sábana.

MARTIRIO.—Le corresponde a Amelia.

MAGDALENA.—Angustias, ¿pongo también las iniciales de Pepe?

ANGUSTIAS.—*(Seca.)* No.

MAGDALENA.—*(A voces.)* Adela, ¿no vienes?

AMELIA.—Estará echada en la cama.

PONCIA.—Esa tiene algo. La encuentro sin sosiego, temblona, asustada como si tuviera una lagartija entre los pechos.

MARTIRIO.—No tiene ni más ni menos que lo que tenemos todas.

MAGDALENA.—Todas menos Angustias.

ANGUSTIAS.—Yo me encuentro bien, y al que le duela, que reviente.

MAGDALENA.—Desde luego hay que reconocer que lo mejor que has tenido siempre ha sido el talle y la delicadeza.

ANGUSTIAS.—Afortunadamente, pronto voy a salir de este infierno.

MAGDALENA.—¡A lo mejor no sales!

MARTIRIO.—¡Dejar esa conversación!

ANGUSTIAS.—Y, además, ¡más vale onza en el arca que ojos negros en la cara!

MAGDALENA.—Por un oído me entra y por otro me sale

AMELIA.—(*A la Poncia.*) Abre la puerta del patio a ver si nos entra un poco el fresco. (*La Poncia lo hace.*)

MARTIRIO.—Esta noche pasada no me podía quedar dormida del calor.

AMELIA.—¡Yo tampoco!

MAGDALENA.—Yo me levanté a refrescarme. Había un nublo negro de tormenta y hasta cayeron algunas gotas.

PONCIA.—Era la una de la madrugada y salía fuego de la tierra. También me levanté yo. Todavía estaba Angustias con Pepe en la ventana.

MAGDALENA.—(*Con ironía.*) ¿Tan tarde? ¿A qué hora se fue?

ANGUSTIAS.—Magdalena, ¿a qué preguntas si lo viste?

AMELIA.—Se iría a eso de la una y media.

ANGUSTIAS.—Sí. ¿Tú por qué lo sabes?

AMELIA.—Lo sentí toser y oí los pasos de su jaca.

PONCIA.—¡Pero si yo lo sentí marchar a eso de las cuatro!

ANGUSTIAS.—¡No sería él!

PONCIA.—¡Estoy segura!

AMELIA.—A mí también me pareció.

MAGDALENA.—¡Qué cosa más rara!

(*Pausa.*)

PONCIA.—Oye, Angustias, ¿qué fue lo que te dijo la primera vez que se acercó a tu ventana?

ANGUSTIAS.—Nada. ¡Qué me iba a decir! Cosas de conversación.

MARTIRIO.—Verdaderamente es raro que dos personas que no se conocen se vean de pronto en una reja y ya novios.

ANGUSTIAS.—Pues a mí no me chocó.

AMELIA.—A mí me daría no sé qué.

ANGUSTIAS.—No, porque cuando un hombre se acerca a una reja ya sabe por los que van y vienen, llevan y traen, que se le va a decir que sí.

MARTIRIO.—Bueno, pero él te lo tendría que decir.

ANGUSTIAS.—¡Claro!

AMELIA.—(*Curiosa.*) ¿Y cómo te lo dijo?

ANGUSTIAS.—Pues, nada: «Ya sabes que ando detrás de ti, necesito una mujer buena, modosa, y esa eres tú, si me das la conformidad».

AMELIA.—¡A mí me da vergüenza de estas cosas!

ANGUSTIAS.—¡Y a mí, pero hay que pasarlas!

PONCIA.—¿Y habló más?

ANGUSTIAS.—Sí, siempre habló él.

MARTIRIO.—¿Y tú?

ANGUSTIAS.—Yo no hubiera podido. Casi se me salía el corazón por la boca. Era la primera vez que estaba sola de noche con un hombre.

MAGDALENA.—Y un hombre tan guapo.

ANGUSTIAS.—¡No tiene mal tipo!

PONCIA.—Esas cosas pasan entre personas ya un poco instruidas que hablan y dicen y mueven la mano. La primera vez que mi marido Evaristo el Colorín vino a mi ventana... ¡Ja, ja, ja!

AMELIA.—¿Qué pasó?

PONCIA.—Era muy oscuro. Lo vi acercarse y, al llegar, me dijo: «Buenas noches». «Buenas noches», le dije yo, y nos quedamos callados más de media hora. Me corría el sudor por todo el cuerpo. Entonces Evaristo se acercó, se acercó que se quería meter por los hierros, y dijo con voz muy baja: «¡Ven, que te tiente!»

(*Ríen todas. Amelia se levanta corriendo y espía por una puerta.*)

AMELIA.—¡Ay! Creí que llegaba nuestra madre.

MAGDALENA.—¡Buenas nos hubiera puesto!

(*Siguen riendo.*)

AMELIA.—Chiss... ¡Que nos va a oír!

PONCIA.—Luego se portó bien. En vez de darle por otra cosa, le dio por criar colorines hasta que murió. A vosotras, que sois solteras, os conviene saber de todos modos que el hombre a los quince días de boda deja la cama por la mesa, y luego la mesa por la tabernilla. Y la que no se conforma se pudre llorando en un rincón.

AMELIA.—Tú te conformaste.

PONCIA.—¡Yo pude con él!

MARTIRIO.—¿Es verdad que le pegaste algunas veces?

PONCIA.—Sí, y por poco lo dejo tuerto.

MAGDALENA.—¡Así debían ser todas las mujeres!

PONCIA.—Yo tengo la escuela de tu madre. Un día me dijo no sé qué cosa y le maté todos los colorines con la mano del almirez.

(*Ríen.*)

MAGDALENA.—Adela, niña, no te pierdas esto.

AMELIA.—Adela.

(*Pausa.*)

MAGDALENA.—¡Voy a ver! (*Entra.*)

PONCIA.—¡Esa niña está mala!

MARTIRIO.—Claro, ¡no duerme apenas!

PONCIA.—Pues ¿qué hace?

MARTIRIO.—¡Yo qué sé lo que hace!

[169]

PONCIA.—Mejor lo sabrás tú que yo, que duermes pared por medio.

ANGUSTIAS.—La envidia la come.

AMELIA.—No exageres.

ANGUSTIAS.—Se lo noto en los ojos. Se le está poniendo mirar de loca.

MARTIRIO.—No habléis de locos. Aquí es el único sitio donde no se puede pronunciar esta palabra.

(*Sale* Magdalena *con* Adela.)

MAGDALENA.—Pues ¿no estaba dormida?

ADELA.—Tengo mal cuerpo.

MARTIRIO.—(*Con intención.*) ¿Es que no has dormido bien esta noche?

ADELA.—Sí.

MARTIRIO.—¿Entonces?

ADELA.—(*Fuerte.*) ¡Déjame ya! ¡Durmiendo o velando, no tienes por qué meterte en lo mío! ¡Yo hago con mi cuerpo lo que me parece!

MARTIRIO.—¡Solo es interés por ti!

ADELA.—Interés o inquisición. ¿No estabais cosiendo? Pues seguir. ¡Quisiera ser invisible, pasar por las habitaciones sin que me preguntarais dónde voy!

CRIADA.—(*Entra.*) Bernarda os llama. Está el hombre de los encajes.

(*Salen. Al salir,* Martirio *mira fijamente a* Adela.)

ADELA.—¡No me mires más! Si quieres, te daré mis ojos, que son frescos, y mis espaldas, para que te compongas la joroba que tienes, pero vuelve la cabeza cuando yo pase.

(*Se va* Martirio.)

PONCIA.—¡Adela, que es tu hermana, y además la que más te quiere!

ADELA.—Me sigue a todos lados. A veces se asoma a mi cuarto para ver si duermo No me deja respirar. Y siempre: «¡Qué lástima de cara! ¡Qué lástima de cuerpo, que no va a ser para nadie!». ¡Y eso no! ¡Mi cuerpo será de quien yo quiera!

PONCIA.—*(Con intención y en voz baja.)* De Pepe el Romano, ¿no es eso?

ADELA.—*(Sobrecogida.)* ¿Qué dices?

PONCIA.—¡Lo que digo, Adela!

ADELA.—¡Calla!

PONCIA.—*(Alto.)* ¿Crees que no me he fijado?

ADELA.—¡Baja la voz!

PONCIA.—¡Mata esos pensamientos!

ADELA.—¿Qué sabes tú?

PONCIA.—Las viejas vemos a través de las paredes. ¿Dónde vas de noche cuando te levantas?

ADELA.—¡Ciega debías estar!

PONCIA.—Con la cabeza y las manos llenas de ojos cuando se trata de lo que se trata. Por mucho que pienso no sé lo que te propones. ¿Por qué te pusiste casi desnuda con la luz encendida y la ventana abierta al pasar Pepe el segundo día que vino a hablar con tu hermana?

ADELA.—¡Eso no es verdad!

PONCIA.—¡No seas como los niños chicos! Deja en paz a tu hermana, y si Pepe el Romano te gusta, te aguantas. *(Adela llora.)* Además, ¿quién dice que no te puedas casar con él? Tu hermana Angustias es una enferma. Esa no resiste el primer parto. Es estrecha de cintura, vieja, y con mi conocimiento te digo que se morirá. Entonces Pepe hará lo que hacen todos los viudos de esta tierra: se casará con la más joven, la más hermosa, y esa eres tú. Alimenta esa esperanza, olvídalo. Lo que quieras, pero no vayas contra la ley de Dios.

ADELA.—¡Calla!

PONCIA.—¡No callo!

ADELA.—Métete en tus cosas, ¡oledora!, ¡pérfida!

PONCIA.—¡Sombra tuya he de ser!

ADELA.—En vez de limpiar la casa y acostarte para rezar a tus muertos, buscas como una vieja marrana asuntos de hombres y mujeres para babosear en ellos.

PONCIA.—¡Velo!, para que las gentes no escupan al pasar por esta puerta.

ADELA.—¡Qué cariño tan grande te ha entrado de pronto por mi hermana!

PONCIA.—No os tengo ley a ninguna, pero quiero vivir en casa decente. ¡No quiero mancharme de vieja!

ADELA.—Es inútil tu consejo. Ya es tarde. No por encima de ti, que eres una criada, por encima de mi madre saltaría para apagarme este fuego que tengo levantado por piernas y boca. ¿Qué puedes decir de mí? ¿Que me encierro en mi cuarto y no abro la puerta? ¿Que no duermo? ¡Soy más lista que tú! Mira a ver si puedes agarrar la liebre [19] con tus manos.

PONCIA.—No me desafíes. ¡Adela, no me desafíes! Porque yo puedo dar voces, encender luces y hacer que toquen las campanas.

ADELA.—Trae cuatro mil bengalas amarillas y ponlas en las bardas del corral. Nadie podrá evitar que suceda lo que tiene que suceder.

PONCIA.—¡Tanto te gusta ese hombre!

ADELA.—¡Tanto! Mirando sus ojos me parece que bebo su sangre lentamente.

PONCIA.—Yo no te puedo oír.

---

[19] *Agarrar la liebre:* Dar con la clave, descubrir un enigma.

ADELA.—¡Pues me oirás! Te he tenido miedo. ¡Pero ya soy más fuerte que tú!

(*Entra* Angustias.)

ANGUSTIAS.—¡Siempre discutiendo!

PONCIA.—Claro, se empeña en que, con el calor que hace, vaya a traerle no sé qué cosa de la tienda.

ANGUSTIAS.—¿Me compraste el bote de esencia?

PONCIA.—El más caro. Y los polvos. En la mesa de tu cuarto los he puesto.

(*Sale* Angustias.)

ADELA.—¡Y chitón!

PONCIA.—¡Lo veremos!

(*Entran* Martirio, Amelia y Magdalena.)

MAGDALENA.—(*A* Adela.) ¿Has visto los encajes?

AMELIA.—Los de Angustias para sus sábanas de novia son preciosos.

ADELA.—(*A* Martirio, *que trae unos encajes.*) ¿Y estos?

MARTIRIO.—Son para mí. Para una camisa.

ADELA.—(*Con sarcasmo.*) ¡Se necesita buen humor!

MARTIRIO.—(*Con intención.*) Para verlos yo. No necesito lucirme ante nadie.

PONCIA.—Nadie la ve a una en camisa.

MARTIRIO.—(*Con intención y mirando a* Adela.) ¡A veces! Pero me encanta la ropa interior. Si fuera rica, la tendría de holanda [20]. Es uno de los pocos gustos que me quedan.

PONCIA.—Estos encajes son preciosos para las gorras de niño, para manteruelos [21] de cristianar. Yo nunca pude usarlos en los míos. A ver si ahora Angustias los usa en los suyos.

---

[20] Véase nota 5 a *Bodas de sangre*.

[21] *Manteruelo:* Diminutivo de manto (mantehuelo), vestimenta delicada con que se cubre a los niños para la ceremonia del bautizo (cristianar).

Como le dé por tener crías vais a estar cosiendo mañana y tarde.

MAGDALENA.—Yo no pienso dar una puntada.

AMELIA.—Y mucho menos cuidar niños ajenos. Mira tú cómo están las vecinas del callejón, sacrificadas por cuatro monigotes.

PONCIA.—Esas están mejor que vosotras. ¡Siquiera allí se ríe y se oyen porrazos!

MARTIRIO.—Pues vete a servir con ellas.

PONCIA.—No. ¡Ya me ha tocado en suerte este convento!

(Se oyen unos campanillos lejanos, como a través de varios muros.)

MAGDALENA.—Son los hombres que vuelven al trabajo.

PONCIA.—Hace un minuto dieron las tres.

MARTIRIO.—¡Con este sol!

ADELA.—*(Sentándose.)* ¡Ay, quién pudiera salir también a los campos!

MAGDALENA.—*(Sentándose.)* ¡Cada clase tiene que hacer lo suyo!

MARTIRIO.—*(Sentándose.)* ¡Así es!

AMELIA.—*(Sentándose.)* ¡Ay!

PONCIA.—No hay alegría como la de los campos en esta época. Ayer de mañana llegaron los segadores. Cuarenta o cincuenta buenos mozos.

MAGDALENA.—¿De dónde son este año?

PONCIA.—De muy lejos. Vinieron de los montes. ¡Alegres! ¡Como árboles quemados! ¡Dando voces y arrojando piedras! Anoche llegó al pueblo una mujer vestida de lentejuelas y que bailaba con un acordeón, y quince de ellos la contrataron para llevársela al olivar. Yo los vi de lejos. El que la contrataba era un muchacho de ojos verdes, apretado como una gavilla de trigo.

AMELIA.—¿Es eso cierto?

ADELA.—¡Pero es posible!

PONCIA.—Hace años vino otra de estas y yo misma di dinero a mi hijo mayor para que fuera. Los hombres necesitan estas cosas.

ADELA.—Se les perdona todo.

AMELIA.—Nacer mujer es el mayor castigo [22].

MAGDALENA.—Y ni nuestros ojos siquiera nos pertenecen.

(*Se oye un canto lejano que se va acercando.*)

PONCIA.—Son ellos. Traen unos cantos preciosos.

AMELIA.—Ahora salen a segar.

CORO.—Ya salen los segadores
en busca de las espigas;
se llevan los corazones
de las muchachas que miran.

(*Se oyen panderos y carrañacas* [23]. *Pausa. Todas oyen en un silencio traspasado por el sol.*)

AMELIA.—¡Y no les importa el calor!

MARTIRIO.—Siegan entre llamaradas.

ADELA.—Me gustaría segar para ir y venir. Así se olvida lo que nos muerde.

MARTIRIO.—¿Qué tienes tú que olvidar?

ADELA.—Cada una sabe sus cosas.

MARTIRIO.—(*Profunda.*) ¡Cada una!

[22] La distancia entre el mundo de los hombres y el de las mujeres queda marcada en esta escena de una forma rotunda. La evocación lírica que viene a continuación acentúa la melancolía del encierro femenino, desde donde los hombres parecen mitificados. Obsérvese que en las dos coplas que se oyen participan las mujeres: «las muchachas que miran», «las que vivís en el pueblo».

[23] *Carrañacas:* Instrumento popular de madera o de chapa rayada que se frota con un palo y se utiliza sobre todo en fiestas de Carnaval.

PONCIA.—¡Callar! ¡Callar!
CORO.—*(Muy lejano.)* Abrir puertas y ventanas
las que vivís en el pueblo;
el segador pide rosas
para adornar su sombrero.
PONCIA.—¡Qué canto!
MARTIRIO.—*(Con nostalgia.)* Abrir puertas y ventanas
las que vivís en el pueblo.
ADELA.—*(Con pasión.)* El segador pide rosas
para adornar su sombrero.
(Se va alejando el cantar.)
PONCIA.—Ahora dan la vuelta a la esquina.
ADELA.—Vamos a verlos por la ventana de mi cuarto.
PONCIA.—Tened cuidado con no entreabrirla mucho, porque son capaces de dar un empujón para ver quién mira.
(Se van las tres. Martirio queda sentada en la silla baja con la cabeza entre las manos)
AMELIA.—*(Acercándose.)* ¿Qué te pasa?
MARTIRIO.—Me sienta mal el calor.
AMELIA.—¿No es más que eso?
MARTIRIO.—Estoy deseando que llegue noviembre, los días de lluvia, la escarcha; todo lo que no sea este verano interminable.
AMELIA.—Ya pasará y volverá otra vez.
MARTIRIO.—¡Claro! *(Pausa.)* ¿A qué hora te dormiste anoche?
AMELIA.—No sé. Yo duermo como un tronco. ¿Por qué?
MARTIRIO.—Por nada, pero me pareció oír gente en el corral.
AMELIA.—¿Sí?
MARTIRIO.—Muy tarde.
AMELIA.—¿Y no tuviste miedo?
MARTIRIO.—No. Ya lo he oído otras noches.
AMELIA.—Debíamos tener cuidado. ¿No serían los gañanes?

MARTIRIO.—Los gañanes llegan a las seis.

AMELIA.—Quizá una mulilla sin desbravar.

MARTIRIO.—*(Entre dientes y llena de segunda intención.)* Eso, ¡eso!, una mulilla sin desbravar.

AMELIA.—¡Hay que prevenir!

MARTIRIO.—¡No, no! No digas nada. Puede ser un volunto[24] mío.

AMELIA.—Quizá.

(Pausa. Amelia inicia el mutis.)

MARTIRIO.—Amelia.

AMELIA.—*(En la puerta.)* ¿Qué?

(Pausa.)

MARTIRIO.—Nada.

(Pausa.)

AMELIA.—¿Por qué me llamaste?

(Pausa.)

MARTIRIO.—Se me escapó. Fue sin darme cuenta.

(Pausa.)

AMELIA.—Acuéstate un poco.

ANGUSTIAS.—*(Entrando furiosa en escena, de modo que haya un gran contraste con los silencios anteriores.)* ¿Dónde está el retrato de Pepe que tenía yo debajo de mi almohada? ¿Quién de vosotras lo tiene?

MARTIRIO.—Ninguna.

AMELIA.—Ni que Pepe fuera un San Bartolomé[25] de plata.

(Entran Poncia, Magdalena y Adela.)

ANGUSTIAS.—¿Dónde está el retrato?

ADELA.—¿Qué retrato?

---

[24] *Volunto:* Barrunto. Martirio desvía la atención de Amelia y así sigue poseyendo su secreto: la «mulilla sin desbravar» es Adela.

[25] A San Bartolomé se le representa con formas redondeadas y blandas.

ANGUSTIAS.—Una de vosotras me lo ha escondido.

MAGDALENA.—¿Tienes la desvergüenza de decir esto?

ANGUSTIAS.—Estaba en mi cuarto y no está.

MARTIRIO.—¿Y no se habrá escapado a media noche al corral? A Pepe le gusta andar con la luna.

ANGUSTIAS.—¡No me gastes bromas! Cuando venga se lo contaré.

PONCIA.—¡Eso, no! ¡Porque aparecerá! *(Mirando a Adela.)*

ANGUSTIAS.—¡Me gustaría saber cuál de vosotras lo tiene!

ADELA.—*(Mirando a Martirio.)* ¡Alguna! ¡Todas, menos yo!

MARTIRIO.—*(Con intención.)* ¡Desde luego!

BERNARDA.—*(Entrando con su bastón.)* ¡Qué escándalo es este en mi casa y con el silencio del peso del calor! Estarán las vecinas con el oído pegado a los tabiques.

ANGUSTIAS.—Me han quitado el retrato de mi novio.

BERNARDA.—*(Fiera.)* ¿Quién? ¿Quién?

ANGUSTIAS.—¡Estas!

BERNARDA.—¿Cuál de vosotras? *(Silencio.)* ¡Contestarme! *(Silencio. A Poncia.)* Registra los cuartos, mira por las camas. Esto tiene no ataros más cortas. ¡Pero me vais a soñar! *(A Angustias.)* ¿Estás segura?

ANGUSTIAS.—Sí.

BERNARDA.—¿Lo has buscado bien?

ANGUSTIAS.—Sí, madre.

(Todas están de pie en medio de un embarazoso silencio.)

BERNARDA.—Me hacéis al final de mi vida beber el veneno más amargo que una madre puede resistir. *(A Poncia.)* ¿No lo encuentras?

(Sale Poncia.)

PONCIA.—Aquí está.

BERNARDA.—¿Dónde lo has encontrado?

PONCIA.—Estaba...

BERNARDA.—Dilo sin temor.

PONCIA.—(*Extrañada.*) Entre las sábanas de la cama de Martirio.

BERNARDA.—(*A Martirio.*) ¿Es verdad?

MARTIRIO.—¡Es verdad!

BERNARDA.—(*Avanzando y golpeándola con el bastón.*) ¡Mala puñalada te den, mosca muerta! ¡Sembradura de vidrios!

MARTIRIO.—(*Fiera.*) ¡No me pegue usted, madre!

BERNARDA.—¡Todo lo que quiera!

MARTIRIO.—¡Si yo la dejo! ¿Lo oye? ¡Retírese usted!

PONCIA.—No faltes a tu madre.

ANGUSTIAS.—(*Cogiendo a Bernarda.*) Déjela. ¡Por favor!

BERNARDA.—Ni lágrimas te quedan en esos ojos.

MARTIRIO.—No voy a llorar para darle gusto.

BERNARDA.—¿Por qué has cogido el retrato?

MARTIRIO.—¿Es que yo no puedo gastar una broma a mi hermana? ¡Para qué otra cosa lo iba a querer!

ADELA.—(*Saltando llena de celos.*) No ha sido broma, que tú no has gustado jamás de juegos. Ha sido otra cosa que te reventaba en el pecho por querer salir. Dilo ya claramente.

MARTIRIO.—¡Calla y no me hagas hablar, que si hablo se van a juntar las paredes unas con otras de vergüenza!

ADELA.—¡La mala lengua no tiene fin para inventar!

BERNARDA.—¡Adela!

MAGDALENA.—Estáis locas.

AMELIA.—Y nos apedreáis con malos pensamientos.

MARTIRIO.—Otras hacen cosas más malas.

ADELA.—Hasta que se pongan en cueros de una vez y se las lleve el río.

BERNARDA.—¡Perversa!

ANGUSTIAS.—Yo no tengo la culpa de que Pepe el Romano se haya fijado en mí.

ADELA.—¡Por tus dineros!

ANGUSTIAS.—¡Madre!

BERNARDA.—¡Silencio!

MARTIRIO.—Por tus marjales [26] y tus arboledas.

MAGDALENA.—¡Eso es lo justo!

BERNARDA.—¡Silencio digo! Yo veía la tormenta venir, pero no creía que estallara tan pronto. ¡Ay, qué pedrisco de odio habéis echado sobre mi corazón! Pero todavía no soy anciana y tengo cinco cadenas para vosotras y esta casa levantada por mi padre para que ni las hierbas se enteren de mi desolación. ¡Fuera de aquí! (*Salen.* Bernarda *se sienta desolada.* Poncia *está de pie arrimada a los muros.* Bernarda *reacciona, da un golpe en el suelo y dice):* ¡Tendré que sentarles la mano! [27]. Bernarda, ¡acuérdate que esta es tu obligación!

PONCIA.—¿Puedo hablar?

BERNARDA.—Habla. Siento que hayas oído. Nunca está bien una extraña en el centro de la familia.

PONCIA.—Lo visto, visto está.

BERNARDA.—Angustias tiene que casarse en seguida.

PONCIA.—Claro, hay que retirarla de aquí.

BERNARDA.—No a ella. ¡A él!

PONCIA.—¡Claro, ¡a él hay que alejarlo de aquí! Piensas bien.

BERNARDA.—No pienso. Hay cosas que no se pueden ni se deben pensar. Yo ordeno.

PONCIA.—¿Y tú crees que él querrá marcharse?

BERNARDA.—(*Levantándose.*) ¿Qué imagina tu cabeza?

PONCIA.—Él, claro, ¡se casará con Angustias!

BERNARDA.—Habla. Te conozco demasiado para saber que ya me tienes preparada la cuchilla.

[26] *Marjal:* Pradera, y también medida agraria equivalente a 5 áreas y 25 centiáreas.
[27] *Sentarles la mano:* Pegarles.

PONCIA.—Nunca pensé que se llamara asesinato al aviso.

BERNARDA.—¿Me tienes que prevenir algo?

PONCIA.—Yo no acuso, Bernarda. Yo solo te digo: abre los ojos y verás.

BERNARDA.—¿Y verás qué?

PONCIA.—Siempre has sido lista. Has visto lo malo de las gentes a cien leguas. Muchas veces creí que adivinabas los pensamientos. Pero los hijos son los hijos. Ahora estás ciega.

BERNARDA.—¿Te refieres a Martirio?

PONCIA.—Bueno, a Martirio... *(Con curiosidad.)* ¿Por qué habrá escondido el retrato?

BERNARDA.—*(Queriendo ocultar a su hija.)* Después de todo, ella dice que ha sido una broma. ¿Qué otra cosa puede ser?

PONCIA.—*(Con sorna.)* ¿Tú lo crees así?

BERNARDA.—*(Enérgica.)* No lo creo. ¡Es así!

PONCIA.—Basta. Se trata de lo tuyo. Pero si fuera la vecina de enfrente, ¿qué sería?

BERNARDA.—Ya empiezas a sacar la punta del cuchillo.

PONCIA.—*(Siempre con crueldad.)* No, Bernarda: aquí pasa una cosa muy grande. Yo no te quiero echar la culpa, pero tú no has dejado a tus hijas libres. Martirio es enamoradiza, digas tú lo que quieras. ¿Por qué no la dejaste casar con Enrique Humanes? ¿Por qué el mismo día que iba a venir a la ventana le mandaste recado que no viniera?

BERNARDA.—*(Fuerte.)* ¡Y lo haría mil veces! ¡Mi sangre no se junta con la de los Humanes mientras yo viva! Su padre fue gañán.

PONCIA.—¡Y así te va a ti con esos humos!

BERNARDA.—Los tengo porque puedo tenerlos. Y tú no los tienes porque sabes muy bien cuál es tu origen.

PONCIA.—*(Con odio.)* ¡No me lo recuerdes! Estoy ya vieja. Siempre agradecí tu protección.

BERNARDA.—(*Crecida.*) ¡No lo parece!

PONCIA.—(*Con odio envuelto en suavidad.*) A Martirio se le olvidará esto.

BERNARDA.—Y si no lo olvida peor para ella. No creo que esta sea la «cosa muy grande» que aquí pasa. Aquí no pasa nada. ¡Eso quisieras tú! Y si pasara algún día, estáte segura que no traspasaría las paredes.

PONCIA.—¡Eso no lo sé yo! En el pueblo hay gentes que leen también de lejos los pensamientos escondidos.

BERNARDA.—¡Cómo gozarías de vernos a mí y a mis hijas camino del lupanar!

PONCIA.—¡Nadie puede conocer su fin!

BERNARDA.—¡Yo sí sé mi fin! ¡Y el de mis hijas! El lupanar se queda para alguna mujer ya difunta.

PONCIA.—(*Fiera.*) ¡Bernarda, respeta la memoria de mi madre!

BERNARDA.—¡No me persigas tú con tus malos pensamientos!

(*Pausa.*)

PONCIA.—Mejor será que no me meta en nada.

BERNARDA.—Es lo que debías hacer. Obrar y callar a todo es la obligación de los que viven a sueldo.

PONCIA.—Pero no se puede. ¿A ti no te parece que Pepe estaría mejor casado con Martirio o... ¡sí!, o con Adela?

BERNARDA.—No me parece.

PONCIA.—(*Con intención.*) Adela. ¡Esa es la verdadera novia del Romano!

BERNARDA.—Las cosas no son nunca a gusto nuestro.

PONCIA.—Pero les cuesta mucho trabajo desviarse de la verdadera inclinación. A mí me parece mal que Pepe esté con Angustias, y a las gentes, y hasta al aire. ¡Quién sabe si se saldrán con la suya!

BERNARDA.—¡Ya estamos otra vez!... Te deslizas para llenarme de malos sueños. Y no quiero entenderte, porque si llegara al alcance de todo lo que dices te tendría que arañar.

PONCIA.—¡No llegará la sangre al río!

BERNARDA.—¡Afortunadamente mis hijas me respetan y jamás torcieron mi voluntad!

PONCIA.—¡Eso sí! Pero en cuanto las dejes sueltas se te subirán al tejado.

BERNARDA.—¡Ya las bajaré tirándoles cantos!

PONCIA.—¡Desde luego eres la más valiente!

BERNARDA.—¡Siempre gasté sabrosa pimienta!

PONCIA.—¡Pero lo que son las cosas! A su edad, ¡hay que ver el entusiasmo de Angustias con su novio! ¡Y él también parece muy picado! Ayer me contó mi hijo mayor que a las cuatro y media de la madrugada, que pasó por la calle con la yunta, estaban hablando todavía.

BERNARDA.—¡A las cuatro y media!

ANGUSTIAS.—(Saliendo.) ¡Mentira!

PONCIA.—Eso me contaron.

BERNARDA.—(A Angustias.) ¡Habla!

ANGUSTIAS.—Pepe lleva más de una semana marchándose a la una. Que Dios me mate si miento.

MARTIRIO.—(Saliendo.) Yo también lo sentí marcharse a las cuatro.

BERNARDA.—¿Pero lo viste con tus ojos?

MARTIRIO.—No quise asomarme. ¿No habláis ahora por la ventana del callejón?

ANGUSTIAS.—Yo hablo por la ventana de mi dormitorio.

(Aparece Adela en la puerta.)

MARTIRIO.—Entonces...

BERNARDA.—¿Qué es lo que pasa aquí?

PONCIA.—¡Cuida de enterarte! Pero, desde luego, Pepe estaba a las cuatro de la madrugada en una reja de tu casa.

BERNARDA.—¿Lo sabes seguro?

PONCIA.—Seguro no se sabe nada en esta vida.

ADELA.—Madre, no oiga usted a quien nos quiere perder a todas.

BERNARDA.—¡Ya sabré enterarme! Si las gentes del pueblo quieren levantar falsos testimonios, se encontrarán con mi pedernal. No se hable de este asunto. Hay a veces una ola de fango que levantan los demás para perdernos.

MARTIRIO.—A mí no me gusta mentir.

PONCIA.—Y algo habrá.

BERNARDA.—No habrá nada. Nací para tener los ojos abiertos. Ahora vigilaré sin cerrarlos ya hasta que me muera.

ANGUSTIAS.—Yo tengo derecho de enterarme.

BERNARDA.—Tú no tienes derecho más que a obedecer. Nadie me traiga ni me lleve. (A Poncia.) Y tú te metes en los asuntos de tu casa. ¡Aquí no se vuelve a dar un paso que yo no sienta!

CRIADA.—(Entrando.) ¡En lo alto de la calle hay un gran gentío y todos los vecinos están en sus puertas!

BERNARDA.—(A Poncia.) ¡Corre a enterarte de lo que pasa! (Las mujeres corren para salir.) ¿Dónde vais? Siempre os supe mujeres ventaneras y rompedoras de su luto. ¡Vosotras, al patio!

(Salen y sale Bernarda. Se oyen rumores lejanos. Entran Martirio y Adela, que se quedan escuchando y sin atreverse a dar un paso más de la puerta de salida.)

MARTIRIO.—Agradece a la casualidad que no desaté mi lengua.

ADELA.—También hubiera hablado yo.

MARTIRIO.—¿Y qué ibas a decir? ¡Querer no es hacer!

ADELA.—Hace la que puede y la que se adelanta. Tú querías, pero no has podido.

MARTIRIO.—No seguirás mucho tiempo.

ADELA.—¡Lo tendré todo!

MARTIRIO.—Yo romperé tus abrazos.

ADELA.—*(Suplicante.)* ¡Martirio, déjame!

MARTIRIO.—¡De ninguna!

ADELA.—¡Él me quiere para su casa!

MARTIRIO.—¡He visto cómo te abrazaba!

ADELA.—Yo no quería. He ido como arrastrada por una maroma.

MARTIRIO.—¡Primero muerta!

(Se asoman Magdalena *y* Angustias. *Se siente crecer el tumulto.)*

PONCIA.—*(Entrando con* Bernarda.*)* ¡Bernarda!

BERNARDA.—¿Qué ocurre?

PONCIA.—La hija de la Librada, la soltera, tuvo un hijo no se sabe con quién.

ADELA.—¿Un hijo?

PONCIA.—Y para ocultar su vergüenza lo mató y lo metió debajo de unas piedras; pero unos perros, con más corazón que muchas criaturas, lo sacaron y como llevados por la mano de Dios lo han puesto en el tranco de su puerta. Ahora la quieren matar. La traen arrastrando por la calle abajo, y por las trochas y los terrenos del olivar vienen los hombres corriendo, dando unas voces que estremecen los campos.

BERNARDA.—Sí, que vengan todos con varas de olivo y mangos de azadones, que vengan todos para matarla.

ADELA.—¡No, no, para matarla no!

MARTIRIO.—Sí, y vamos a salir también nosotras.

BERNARDA.—Y que pague la que pisotea su decencia.

(Fuera se oye un grito de mujer y un gran rumor.)

ADELA.—¡Que la dejen escapar! ¡No salgáis vosotras!

MARTIRIO.—*(Mirando a Adela.)* ¡Que pague lo que debe!

BERNARDA.—*(Bajo el arco.)* ¡Acabar con ella antes que lleguen los guardias! ¡Carbón ardiendo en el sitio de su pecado! [28]

ADELA.—*(Cogiéndose el vientre.)* ¡No! ¡No!

BERNARDA.—¡Matadla! ¡Matadla!

TELÓN

[28] *El sitio del pecado* era una expresión muy común en procesos inquisitoriales.

ACTO TERCERO

*Cuatro paredes blancas ligeramente azuladas del patio interior de
la casa de Bernarda. Es de noche. El decorado ha de ser de una
perfecta simplicidad. Las puertas, iluminadas por la luz de los interiores, dan un tenue fulgor a la escena.*
*En el centro, una mesa con un quinqué, donde están comiendo Ber-
narda y sus hijas. La Poncia las sirve. Prudencia está sentada aparte.*

*(Al levantarse el telón hay un gran silencio, interrumpido por
el ruido de platos y cubiertos.)*

PRUDENCIA.—Ya me voy. Os he hecho una visita larga. *(Se
levanta.)*

BERNARDA.—Espérate, mujer. No nos vemos nunca.

PRUDENCIA.—¿Han dado el último toque para el rosario?

PONCIA.—Todavía no.

(Prudencia se sienta.)

BERNARDA.—¿Y tu marido cómo sigue?

PRUDENCIA.—Igual.

BERNARDA.—Tampoco lo vemos.

PRUDENCIA.—Ya sabes sus costumbres. Desde que se peleó con sus hermanos por la herencia no ha salido por la puerta de la calle. Pone una escalera y salta las tapias del corral [29].

BERNARDA.—Es un verdadero hombre. ¿Y con tu hija?...

PRUDENCIA.—No la ha perdonado.

BERNARDA.—Hace bien.

PRUDENCIA.—No sé qué te diga. Yo sufro por esto.

BERNARDA.—Una hija que desobedece deja de ser hija para convertirse en enemiga.

PRUDENCIA.—Yo dejo que el agua corra. No me queda más consuelo que refugiarme en la iglesia, pero como me estoy quedando sin vista tendré que dejar de venir para que no jueguen con una los chiquillos [30]. *(Se oye un gran golpe, como dado en los muros.)* ¿Qué es eso?

BERNARDA.—El caballo garañón, que está encerrado y da coces contra el muro [31]. *(A voces.)* ¡Trabadlo y que salga al corral! *(En voz baja.)* Debe tener calor.

PRUDENCIA.—¿Vais a echarle las potras nuevas?

BERNARDA.—Al amanecer.

PRUDENCIA.—Has sabido acrecentar tu ganado.

BERNARDA.—A fuerza de dinero y sinsabores.

---

[29] Las leyes no escritas pero inflexibles de lugares como el que retrata Lorca pueden parecer hoy así de ridículas. Piénsese, sin embargo, en el enorme poder de persuasión que tenía semejante código.

[30] En el repertorio de maldades que Lorca nos presenta a través de sus personajes no se libran tampoco los niños. Sólo María Josefa, más adelante, hablará de ellos con ternura; pero ya sabemos que la madre de Bernarda está «loca».

[31] *Garañón:* Semental. Los golpes con que el caballo se rebela marcan el primer paso —una especie de aldabonazo irracional pero premonitorio— hacia el desenlace dramático. Es un símbolo claro —poder sexual que se debate contra las ataduras— con el que Lorca interrumpe la escueta funcionalidad del diálogo para predisponer al espectador.

PONCIA.—*(Interviniendo.)* ¡Pero tiene la mejor manada de estos contornos! Es una lástima que esté bajo de precio.

BERNARDA.—¿Quieres un poco de queso y miel?

PRUDENCIA.—Estoy desganada.

(Se oye otra vez el golpe.)

PONCIA.—¡Por Dios!

PRUDENCIA.—¡Me ha retemblado dentro del pecho!

BERNARDA.—*(Levantándose furiosa.)* ¿Hay que decir las cosas dos veces? ¡Echadlo que se revuelque en los montones de paja! *(Pausa, y como hablando con los gañanes.)* Pues encerrad las potras en la cuadra, pero dejadlo libre, no sea que nos eche abajo las paredes. *(Se dirige a la mesa y se sienta otra vez.)* ¡Ay, qué vida!

PRUDENCIA.—Bregando como un hombre.

BERNARDA.—Así es. *(Adela se levanta de la mesa.)* ¿Dónde vas?

ADELA.—A beber agua.

BERNARDA.—*(En alta voz.)* Trae un jarro de agua fresca. *(A Adela.)* Puedes sentarte.

(Adela se sienta.)

PRUDENCIA.—Y Angustias, ¿cuándo se casa?

BERNARDA.—Vienen a pedirla dentro de tres días.

PRUDENCIA.—¡Estarás contenta!

ANGUSTIAS.—¡Claro!

AMELIA.—*(A Magdalena.)* ¡Ya has derramado la sal!

MAGDALENA.—Peor suerte que tienes no vas a tener.

AMELIA.—Siempre trae mala sombra.

BERNARDA.—¡Vamos!

PRUDENCIA.—*(A Angustias.)* ¿Te ha regalado ya el anillo?

ANGUSTIAS.—Mírelo usted. *(Se lo alarga.)*

PRUDENCIA.—Es precioso. Tres perlas. En mi tiempo las perlas significaban lágrimas.

ANGUSTIAS.—Pero ya las cosas han cambiado.

ADELA.—Yo creo que no. Las cosas significan siempre lo mismo. Los anillos de pedida deben ser de diamantes.

PRUDENCIA.—Es más propio.

BERNARDA.—Con perlas o sin ellas, las cosas son como una se las propone [32].

MARTIRIO.—O como Dios dispone.

PRUDENCIA.—Los muebles me han dicho que son preciosos.

BERNARDA.—Dieciséis mil reales he gastado.

PONCIA.—*(Interviniendo.)* Lo mejor es el armario de luna.

PRUDENCIA.—Nunca vi un mueble de estos.

BERNARDA.—Nosotras tuvimos arca.

PRUDENCIA.—Lo preciso es que todo sea para bien.

ADELA.—Que nunca se sabe.

BERNARDA.—No hay motivo para que no lo sea.

(Se oyen lejanísimas unas campanas.)

PRUDENCIA.—El último toque. *(A Angustia.)* Ya vendré a que me enseñes la ropa.

ANGUSTIAS.—Cuando usted quiera.

PRUDENCIA.—Buenas noches nos dé Dios.

BERNARDA.—Adiós, Prudencia.

LAS CINCO.—*(A la vez.)* Vaya usted con Dios.

(Pausa. Sale Prudencia.)

BERNARDA.—Ya hemos comido.

(Se levantan.)

ADELA.—Voy a llegarme hasta el portón para estirar las piernas y tomar un poco el fresco.

(Magdalena se sienta en una silla baja retrepada contra la pared.)

---

[32] Pese al realismo del drama, se puede observar aquí un cruce de símbolos: las perlas como lágrimas, los diamantes que Adela opone a las perlas y, para zanjar la cuestión, el empeño ciego de Bernarda en que la realidad le obedezca.

AMELIA.—Yo voy contigo.

MARTIRIO.—Y yo.

ADELA.—*(Con odio contenido.)* No me voy a perder.

AMELIA.—La noche quiere compaña.

(Salen. Bernarda *se sienta y* Angustias *está arreglando la mesa.)*

BERNARDA.—Ya te he dicho que quiero que hables con tu hermana Martirio. Lo que pasó del retrato fue una broma y lo debes olvidar.

ANGUSTIAS.—Usted sabe que ella no me quiere.

BERNARDA.—Cada uno sabe lo que piensa por dentro. Yo no me meto en los corazones, pero quiero buena fachada y armonía familiar. ¿Lo entiendes?

ANGUSTIAS.—Sí.

BERNARDA.—Pues ya está.

MAGDALENA.—*(Casi dormida.)* Además, ¡si te vas a ir antes de nada! *(Se duerme.)*

ANGUSTIAS.—Tarde me parece.

BERNARDA.—¿A qué hora terminaste anoche de hablar?

ANGUSTIAS.—A las doce y media.

BERNARDA.—¿Qué cuenta Pepe?

ANGUSTIAS.—Yo lo encuentro distraído. Me habla siempre como pensando en otra cosa. Si le pregunto qué le pasa, me contesta: «Los hombres tenemos nuestras preocupaciones».

BERNARDA.—No le debes preguntar. Y cuando te cases, menos. Habla si él habla y míralo cuando te mire. Así no tendrás disgustos [33].

ANGUSTIAS.—Yo creo, madre, que él me oculta muchas cosas.

---

[33] Compárense estos consejos de Bernarda a su hija, pronta a casarse, con los que da la Madre al Novio recién casado en *Bodas de sangre* (cuadro segundo del segundo acto).

BERNARDA.—No procures descubrirlas, no le preguntes y, desde luego, que no te vea llorar jamás.

ANGUSTIAS.—Debía estar contenta y no lo estoy.

BERNARDA.—Eso es lo mismo.

ANGUSTIAS.—Muchas veces miro a Pepe con mucha fijeza y se me borra a través de los hierros, como si lo tapara una nube de polvo de las que levantan los rebaños.

BERNARDA.—Eso son cosas de debilidad.

ANGUSTIAS.—¡Ojalá!

BERNARDA.—¿Viene esta noche?

ANGUSTIAS.—No. Fue con su madre a la capital.

BERNARDA.—Así nos acostaremos antes. ¡Magdalena!

ANGUSTIAS.—Está dormida.

(*Entran* Adela, Martirio y Amelia.)

AMELIA.—¡Qué noche más oscura!

ADELA.—No se ve a dos pasos de distancia.

MARTIRIO.—Una buena noche para ladrones, para el que necesite escondrijo [34].

ADELA.—El caballo garañón estaba en el centro del corral. ¡Blanco! Doble de grande, llenando todo lo oscuro.

AMELIA.—Es verdad. Daba miedo. ¡Parecía una aparición!

ADELA.—Tiene el cielo unas estrellas como puños.

MARTIRIO.—Esta se puso a mirarlas de modo que se iba a tronchar el cuello.

ADELA.—¿Es que no te gustan a ti?

MARTIRIO.—A mí las cosas de tejas arriba no me importan nada. Con lo que pasa dentro de las habitaciones tengo bastante.

[34] El autor acumula detalles que predisponen el final: Angustias cree que Pepe no va a hablar con ella esta noche, y a la vez hay una oscuridad muy apropiada para encuentros furtivos. Añádase enseguida la imagen del caballo semental, que a los ojos de las mujeres adquiere estatura de tótem.

ADELA.—Así te va a ti.

BERNARDA.—A ella le va en lo suyo como a ti en lo tuyo.

ANGUSTIAS.—Buenas noches.

ADELA.—¿Ya te acuestas?

ANGUSTIAS.—Sí, esta noche no viene Pepe. (*Sale.*)

ADELA.—Madre, ¿por qué cuando se corre una estrella o luce un relámpago se dice:

> «Santa Bárbara bendita,
> que en el cielo estás escrita
> con papel y agua bendita?».

BERNARDA.—Los antiguos sabían muchas cosas que hemos olvidado

AMELIA.—Yo cierro los ojos para no verlas.

ADELA.—Yo no. A mí me gusta ver correr lleno de lumbre lo que está quieto y quieto años enteros.

MARTIRIO.—Pero estas cosas nada tienen que ver con nosotros.

BERNARDA.—Y es mejor no pensar en ellas.

ADELA.—¡Qué noche más hermosa! Me gustaría quedarme hasta muy tarde para disfrutar el fresco del campo.

BERNARDA.—Pero hay que acostarse. ¡Magdalena!

AMELIA.—Está en el primer sueño.

BERNARDA.—¡Magdalena!

MAGDALENA.—(*Disgustada.*) ¡Dejarme en paz!

BERNARDA.—¡A la cama!

MAGDALENA.—(*Levantándose malhumorada.*) ¡No la dejáis a una tranquila! (*Se va refunfuñando.*)

AMELIA.—Buenas noches. (*Se va.*)

BERNARDA.—Andar vosotras también.

MARTIRIO.—¿Cómo es que esta noche no viene el novio de Angustias?

BERNARDA.—Fue de viaje.

MARTIRIO.—(*Mirando a* Adela.) ¡Ah!

ADELA.—Hasta mañana. (*Sale.*)

(Martirio *bebe agua y sale lentamente mirando hacia la puerta del corral. Sale la* Poncia.)

PONCIA.—¿Estás todavía aquí?

BERNARDA.—Disfrutando este silencio y sin lograr ver por parte alguna «la cosa tan grande» que aquí pasa, según tú.

PONCIA.—Bernarda, dejemos esa conversación.

BERNARDA.—En esta casa no hay un sí ni un no. Mi vigilancia lo puede todo.

PONCIA.—No pasa nada por fuera. Eso es verdad. Tus hijas están y viven como metidas en alacenas. Pero ni tú ni nadie puede vigilar por el interior de los pechos.

BERNARDA.—Mis hijas tienen la respiración tranquila.

PONCIA.—Eso te importa a ti que eres su madre. A mí, con servir tu casa tengo bastante.

BERNARDA.—Ahora te has vuelto callada.

PONCIA.—Me estoy en mi sitio, y en paz.

BERNARDA.—Lo que pasa es que no tienes nada que decir. Si en esta casa hubiera hierbas, ya te encargarías de traer a pastar las ovejas del vecindario.

PONCIA.—Yo tapo más de lo que te figuras.

BERNARDA.—¿Sigue tu hijo viendo a Pepe a las cuatro de la mañana? ¿Siguen diciendo todavía la mala letanía de esta casa?

PONCIA.—No dicen nada.

BERNARDA.—Porque no pueden. Porque no hay carne donde morder. ¡A la vigilia de mis ojos se debe esto!

PONCIA.—Bernarda, yo no quiero hablar porque temo tus intenciones. Pero no estés segura.

BERNARDA.—¡Segurísima!

PONCIA.—¡A lo mejor, de pronto, cae un rayo! A lo mejor, de pronto, un golpe de sangre te para el corazón.

BERNARDA.—Aquí no pasará nada. Ya estoy alerta contra tus suposiciones.

PONCIA.—Pues mejor para ti.

BERNARDA.—¡No faltaba más!

CRIADA.—(Entrando.) Ya terminé de fregar los platos. ¿Manda usted algo, Bernarda?

BERNARDA.—(Levantándose.) Nada. Yo voy a descansar.

PONCIA.—¿A qué hora quiere que la llame?

BERNARDA.—A ninguna. Esta noche voy a dormir bien. (Se va.)

PONCIA.—Cuando una no puede con el mar lo más fácil es volver las espaldas para no verlo.

CRIADA.—Es tan orgullosa que ella misma se pone una venda en los ojos.

PONCIA.—Yo no puedo hacer nada. Quise atajar las cosas, pero ya me asustan demasiado. ¿Tú ves este silencio? Pues hay una tormenta en cada cuarto. El día que estallen nos barrerán a todas. Yo he dicho lo que tenía que decir.

CRIADA.—Bernarda cree que nadie puede con ella y no sabe la fuerza que tiene un hombre entre mujeres solas.

PONCIA.—No es toda la culpa de Pepe el Romano. Es verdad que el año pasado anduvo detrás de Adela, y esta estaba loca por él, pero ella debió estarse en su sitio y no provocarlo. Un hombre es un hombre

CRIADA.—Hay quien cree que habló muchas noches con Adela.

PONCIA.—Es verdad. (En voz baja.) Y otras cosas.

CRIADA.—No sé lo que va a pasar aquí.

PONCIA.—A mí me gustaría cruzar el mar y dejar esta casa de guerra.

CRIADA.—Bernarda está aligerando la boda y es posible que nada pase.

PONCIA.—Las cosas se han puesto ya demasiado maduras. Adela está decidida a lo que sea, y las demás vigilan sin descanso.

CRIADA.—¿Y Martirio también?...

PONCIA.—Esa es la peor. Es un pozo de veneno. Ve que el Romano no es para ella y hundiría el mundo si estuviera en su mano.

CRIADA.—¡Es que son malas!

PONCIA.—Son mujeres sin hombre, nada más. En estas cuestiones se olvida hasta la sangre. ¡Chiss! (*Escucha.*)

CRIADA.—¿Qué pasa?

PONCIA.—(*Se levanta.*) Están ladrando los perros.

CRIADA.—Debe haber pasado alguien por el portón

(*Sale* Adela *en enaguas blancas y corpiño.*)

PONCIA.—¿No te habías acostado?

ADELA.—Voy a beber agua. (*Bebe en un vaso de la mesa.*)

PONCIA.—Yo te suponía dormida.

ADELA.—Me despertó la sed. ¿Y vosotras no descansáis?

CRIADA.—Ahora.

(*Sale* Adela.)

PONCIA.—Vámonos.

CRIADA.—Ganado tenemos el sueño. Bernarda no me deja descanso en todo el día.

PONCIA.—Llévate la luz.

CRIADA.—Los perros están como locos.

PONCIA.—No nos van a dejar dormir.

(*Salen. La escena queda casi a oscuras. Sale* María Josefa *con una oveja en los brazos.*)

MARÍA JOSEFA.—Ovejita, niño mío,

vámonos a la orilla del mar.

La hormiguita estará en su puerta,

yo te daré la teta y el pan.

Bernarda, cara de leoparda.
Magdalena, cara de hiena.
Ovejita.
Meee, meee.
Vamos a los ramos del portal de Belén.

(Ríe.)

Ni tú ni yo queremos dormir.
La puerta sola se abrirá
y en la playa nos meteremos
en una choza de coral.

Bernarda, cara de leoparda.
Magdalena, cara de hiena.
Ovejita.
Meee, meee.
¡Vamos a los ramos del portal de Belén!

(Se va cantando. Entra Adela. Mira a un lado y otro con sigilo, y desaparece por la puerta del corral. Sale Martirio por otra puerta y queda en angustioso acecho en el centro de la escena. También va en enaguas. Se cubre con pequeño mantón negro de talle. Sale por enfrente de ella María Josefa.)

MARTIRIO.—¿Abuela, dónde va usted?
MARÍA JOSEFA.—¿Vas a abrirme la puerta? ¿Quién eres tú?
MARTIRIO.—¿Cómo está aquí?
MARÍA JOSEFA.—Me escapé. ¿Tú quién eres?
MARTIRIO.—Vaya a acostarse.
MARÍA JOSEFA.—Tú eres Martirio, ya te veo. Martirio cara de martirio. ¿Y cuándo vas a tener un niño? Yo he tenido este.
MARTIRIO.—¿Dónde cogió esa oveja?

MARÍA JOSEFA.—Ya sé que es una oveja. Pero ¿por qué una oveja no va a ser un niño?³⁵. Mejor es tener una oveja que no tener nada. Bernarda, cara de leoparda, Magdalena, cara de hiena.

MARTIRIO.—No dé voces.

MARÍA JOSEFA.—Es verdad. Está todo muy oscuro. Como tengo el pelo blanco crees que no puedo tener crías, y sí: crías y crías y crías. Este niño tendrá el pelo blanco y tendrá otro niño, y este otro, y todos con el pelo de nieve seremos como las olas: una y otra y otra. Luego nos sentaremos todos, y todos tendremos el cabello blanco y seremos espuma. ¿Por qué aquí no hay espuma? Aquí no hay más que mantos de luto³⁶.

MARTIRIO.—Calle, calle.

MARÍA JOSEFA.—Cuando mi vecina tenía un niño yo le llevaba chocolate y luego ella me lo traía a mí, y así siempre, siempre, siempre. Tú tendrás el pelo blanco, pero no vendrán las vecinas. Yo tengo que marcharme, pero tengo miedo de que los perros me muerdan. ¿Me acompañarás tú a salir del campo? Yo no quiero campo. Yo quiero casas, pero casas abiertas, y las vecinas acostadas en sus camas con sus niños chiquitos, y los hombres fuera, sentados en sus sillas. Pepe el Romano es un gigante. Todas lo queréis. Pero él os va a devorar, porque vosotras sois granos de trigo. No granos de trigo, no. ¡Ranas sin lengua!

³⁵ Entre un niño y una oveja María Josefa lleva a cabo una trasposición similar a las que aparecen en *El público,* allí con referencias eróticas: «Yo me convertiré en lo que tú desees» (ver Introducción). El amor —aquí, el deseo de liberación afectiva simbolizado en el niño/oveja— no repara en géneros, formas externas, leyes impuestas, etc.

³⁶ De nuevo encontramos la oposición entre el interior opresivo y el mar liberador. Toda esta escena de María Josefa constituye una treta del autor para distanciar la atención y preparar el desenlace retrasándolo brevemente con una ilustración lírica.

MARTIRIO.—(*Enérgica.*) Vamos, váyase a la cama. (*La empuja.*)

MARÍA JOSEFA.—Sí, pero luego tú me abrirás, ¿verdad?

MARTIRIO.—De seguro.

MARÍA JOSEFA.—(*Llorando.*) Ovejita, niño mío,
    vámonos a la orilla del mar.
    La hormiguita estará en su puerta,
    yo te daré la teta y el pan.

(*Sale.* Martirio *cierra la puerta por donde ha salido María Josefa y se dirige a la puerta del corral. Allí vacila pero avanza dos pasos más.*)

MARTIRIO.—(*En voz baja.*) Adela. (*Pausa. Avanza hasta la misma puerta. En voz alta.*) ¡Adela!

(*Aparece* Adela. *Viene un poco despeinada.*)

ADELA.—¿Por qué me buscas?

MARTIRIO.—¡Deja a ese hombre!

ADELA.—¿Quién eres tú para decírmelo?

MARTIRIO.—No es ese el sitio de una mujer honrada.

ADELA.—¡Con qué ganas te has quedado de ocuparlo!

MARTIRIO.—(*En voz alta.*) Ha llegado el momento de que yo hable. Esto no puede seguir.

ADELA.—Esto no es más que el comienzo. He tenido fuerza para adelantarme. El brío y el mérito que tú no tienes. He visto la muerte debajo de estos techos y he salido a buscar lo que era mío, lo que me pertenecía.

MARTIRIO.—Ese hombre sin alma vino por otra. Tú te has atravesado.

ADELA.—Vino por el dinero, pero sus ojos los puso siempre en mí.

MARTIRIO.—Yo no permitiré que lo arrebates. Él se casará con Angustias.

ADELA.—Sabes mejor que yo que no la quiere.

MARTIRIO.—Lo sé.

ADELA.—Sabes, porque lo has visto, que me quiere a mí.
MARTIRIO.—(*Desesperada.*) Sí.
ADELA.—(*Acercándose.*) Me quiere a mí, me quiere a mí.
MARTIRIO.—Clávame un cuchillo si es tu gusto, pero no me lo digas más.
ADELA.—Por eso procuras que no vaya con él. No te importa que abrace a la que no quiere. A mí tampoco. Ya puede estar cien años con Angustias. Pero que me abrace a mí se te hace terrible, porque tú lo quieres también, ¡lo quieres!
MARTIRIO.—(*Dramática.*) ¡Sí! Déjame decirlo con la cabeza fuera de los embozos. ¡Sí! Déjame que el pecho se me rompa como una granada de amargura. ¡Lo quiero!
ADELA.—(*En un arranque, y abrazándola.*) Martirio, Martirio, yo no tengo la culpa.
MARTIRIO.—¡No me abraces! No quieras ablandar mis ojos. Mi sangre ya no es la tuya, y aunque quisiera verte como hermana, no te miro ya más que como mujer. (*La rechaza.*)
ADELA.—Aquí no hay ningún remedio. La que tenga que ahogarse que se ahogue. Pepe el Romano es mío. Él me lleva a los juncos de la orilla.
MARTIRIO.—¡No será!
ADELA.—Ya no aguanto el horror de estos techos después de haber probado el sabor de su boca. Seré lo que él quiera que sea. Todo el pueblo contra mí, quemándome con sus dedos de lumbre, perseguida por los que dicen que son decentes, y me pondré delante de todos la corona de espinas que tienen las que son queridas de algún hombre casado.
MARTIRIO.—¡Calla!
ADELA.—Sí, sí. (*En voz baja.*) Vamos a dormir, vamos a dejar que se case con Angustias. Ya no me importa. Pero yo me iré a una casita sola donde él me verá cuando quiera, cuando le venga en gana.

MARTIRIO.—Eso no pasará mientras yo tenga una gota de sangre en el cuerpo.

ADELA.—No a ti, que eres débil: a un caballo encabritado soy capaz de poner de rodillas con la fuerza de mi dedo meñique.

MARTIRIO.—No levantes esa voz que me irrita. Tengo el corazón lleno de una fuerza tan mala, que, sin quererlo yo, a mí misma me ahoga.

ADELA.—Nos enseñan a querer a las hermanas. Dios me ha debido dejar sola, en medio de la oscuridad, porque te veo como si no te hubiera visto nunca.

(Se oye un silbido y Adela *corre a la puerta, pero* Martirio *se le pone delante.)*

MARTIRIO.—¿Dónde vas?

ADELA.—¡Quitate de la puerta!

MARTIRIO.—¡Pasa si puedes!

ADELA.—¡Aparta! *(Lucha.)*

MARTIRIO.—*(A voces.)* ¡Madre, madre!

ADELA.—¡Déjame!

(Aparece Bernarda. *Sale en enaguas con un mantón negro.)*

BERNARDA.—Quietas, quietas. ¡Qué pobreza la mía, no poder tener un rayo entre los dedos! [37].

MARTIRIO.—*(Señalando a* Adela.*)* ¡Estaba con él! ¡Mira esas enaguas llenas de paja de trigo!

BERNARDA.—¡Esa es la cama de las mal nacidas! *(Se dirige furiosamente hacia* Adela.*)*

[37] Alusión a Júpiter, que lanzaba rayos con sus manos: Lorca no pierde ocasión de caracterizar a su personaje. Probablemente, el poder absoluto que Bernarda cree ejercer tiene raíces en la mitología mediterránea y mediooriental precristiana. Robert Graves, en *La diosa blanca,* opina que Júpiter es un nombre masculino suplantador de una divinidad femenina precedente y temible.

ADELA.—(*Haciéndole frente.*) ¡Aquí se acabaron las voces de presidio! (*Adela arrebata un bastón a su madre y lo parte en dos.*) Esto hago yo con la vara de la dominadora. No dé usted un paso más. ¡En mí no manda nadie más que Pepe! (*Sale Magdalena.*)

MAGDALENA.—¡Adela!

(*Salen la Poncia y Angustias.*)

ADELA.—Yo soy su mujer. (*A Angustias.*) Entérate tú y ve al corral a decírselo. Él dominará toda esta casa. Ahí fuera está, respirando como si fuera un león.

ANGUSTIAS.—¡Dios mío!

BERNARDA.—¡La escopeta! ¿Dónde está la escopeta? (*Sale corriendo.*)

(*Aparece Amelia por el fondo, que mira aterrada, con la cabeza sobre la pared. Sale detrás Martirio.*)

ADELA.—¡Nadie podrá conmigo! (*Va a salir.*)

ANGUSTIAS.—(*Sujetándola.*) De aquí no sales con tu cuerpo en triunfo, ¡ladrona!, ¡deshonra de nuestra casa!

MAGDALENA.—¡Déjala que se vaya donde no la veamos nunca más!

(*Suena un disparo.*)

BERNARDA.—(*Entrando.*) Atrévete a buscarlo ahora.

MARTIRIO.—(*Entrando.*) Se acabó Pepe el Romano.

ADELA.—¡Pepe! ¡Dios mío! ¡Pepe! (*Sale corriendo.*)

PONCIA.—¿Pero lo habéis matado?

MARTIRIO.—¡No! ¡Salió corriendo en la jaca!

BERNARDA.—Fue culpa mía. Una mujer no sabe apuntar.

MAGDALENA.—¿Por qué lo has dicho entonces?

MARTIRIO.—¡Por ella! Hubiera volcado un río de sangre sobre su cabeza.

PONCIA.—Maldita.

MAGDALENA.—¡Endemoniada!

BERNARDA.—Aunque es mejor así. (*Se oye como un golpe.*) ¡Adela! ¡Adela!

PONCIA.—(*En la puerta.*) ¡Abre!

BERNARDA.—Abre. No creas que los muros defienden de la vergüenza.

CRIADA.—(*Entrando.*) ¡Se han levantado los vecinos!

BERNARDA.—(*En voz baja, como un rugido.*) ¡Abre, porque echaré abajo la puerta! (*Pausa. Todo queda en silencio.*) ¡Adela! (*Se retira de la puerta.*) ¡Trae un martillo! (*La Poncia da un empujón y entra. Al entrar da un grito y sale.*) ¿Qué?

PONCIA.—(*Se lleva las manos al cuello.*) ¡Nunca tengamos ese fin!

(*Las hermanas se echan hacia atrás. La* Criada *se santigua.* Bernarda *da un grito y avanza.*)

PONCIA.—¡No entres!

BERNARDA.—No. ¡Yo no! Pepe: irás corriendo vivo por lo oscuro de las alamedas, pero otro día caerás. ¡Descolgarla! ¡Mi hija ha muerto virgen! Llevadla a su cuarto y vestirla como si fuera doncella. ¡Nadie dirá nada! ¡Ella ha muerto virgen! Avisad que al amanecer den dos clamores las campanas.

MARTIRIO.—Dichosa ella mil veces que lo pudo tener.

BERNARDA.—Y no quiero llantos. La muerte hay que mirarla cara a cara. ¡Silencio! (*A otra hija.*) ¡A callar he dicho! (*A otra hija.*) Las lágrimas cuando estés sola. ¡Nos hundiremos todas en un mar de luto! Ella, la hija menor de Bernarda Alba, ha muerto virgen. ¿Me habéis oído? Silencio, silencio he dicho. ¡Silencio!

TELÓN

Julio de 1936